GALERIE
DU
PALAIS ROYAL.

IMPRIMERIE DE H. PERRONNEAU.

GALERIE
DU PALAIS ROYAL

GRAVÉE

D'après les Tableaux des différentes Écoles

qui la Composent :

Avec un abrégé de la Vie des Peintres

& une description historique de chaque tableau

PAR M.^r L'ABBÉ DE FONTENAI.

DÉDIÉE

À S. A. S. Monseigneur

LE DUC D'ORLÉANS

Premier Prince du Sang

PAR J. COUCHÉ

Graveur de son Cabinet.

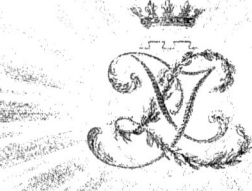

A PARIS

Chez { J. Couché, Graveur, Rue St Hyacinthe, N.° 51.
{ J. Bouillard, Graveur, Rue St Thomas du Louvre, N.° 25.

M. DCC. LXXXVI.

AVEC PRIVILÈGE DU ROI.

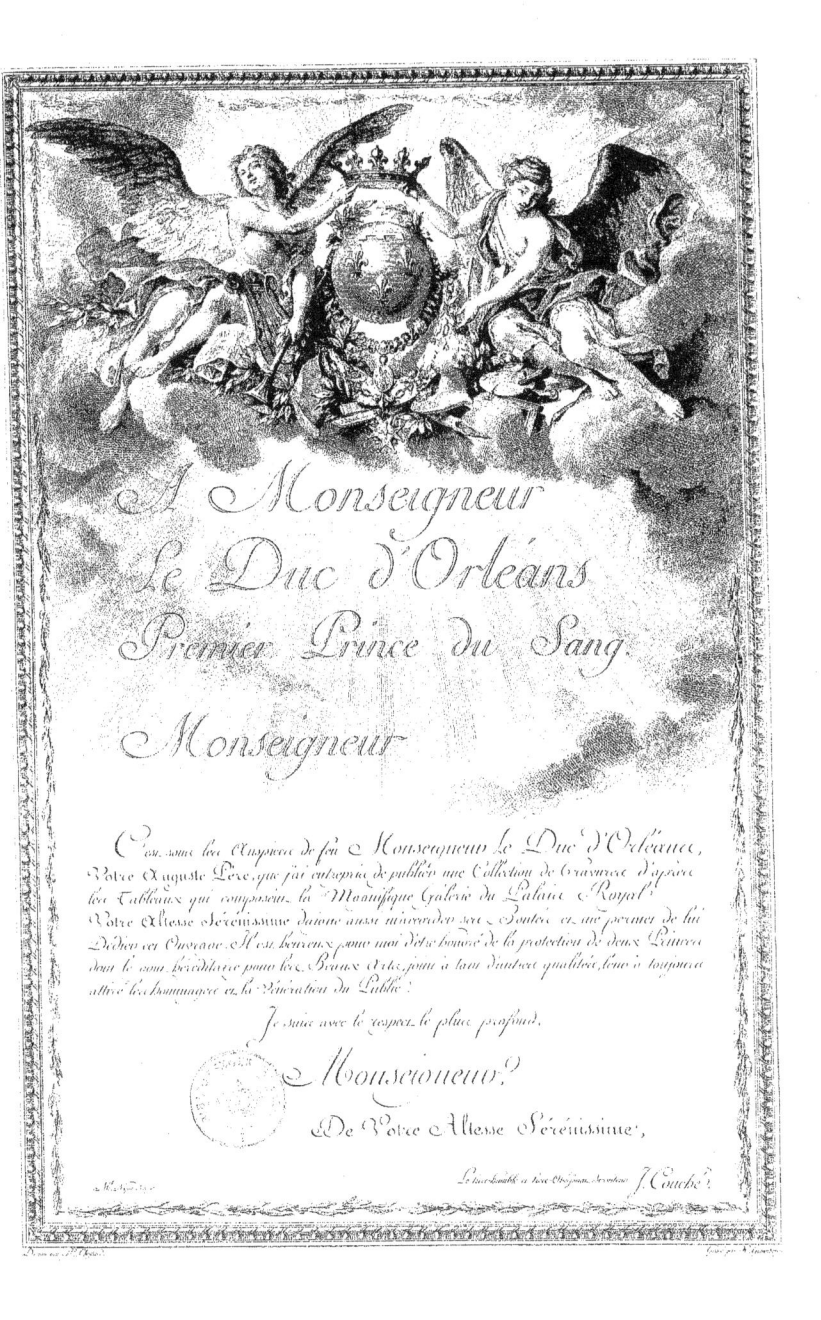

A Monseigneur
Le Duc d'Orléans
Premier Prince du Sang.

Monseigneur

C'est sous les Auspices de feu Monseigneur le Duc d'Orléans, Votre Auguste Père, que j'ai entrepris de publier une Collection de Gravures d'après les Tableaux qui composent la Magnifique Galerie du Palais Royal. Votre Altesse Sérénissime daigne aussi m'accorder ses Bontés en me permettant de lui Dédier cet Ouvrage. Il est heureux pour moi d'être honoré de la protection de deux Princes dont le zone héréditaire pour les Beaux Arts, joint à tant d'autres qualités, leur a toujours attiré les hommages et la vénération du Public.

Je suis avec le respect le plus profond,

Monseigneur,

De Votre Altesse Sérénissime,

Le très humble et très Obéissant serviteur J. Couché.

NOTICE HISTORIQUE
SUR
LA GALERIE
DU
PALAIS ROYAL.

La Galerie du Palais Royal étoit regardée avec raison comme une des plus belles collections de tableaux qui fût en Europe. Elle a disparu, et c'est une perte irréparable pour la France. Nous croyons satisfaire la curiosité des amateurs en ajoutant à ce recueil de gravures qui la représente, une notice historique qui fera connoître l'origine et la formation de cette galerie, ses changemens successifs, et l'époque de sa dispersion totale.

En 1639, le cardinal de Richelieu, par vanité ou par reconnoissance des graces et des faveurs extraordinaires qu'il avoit reçues du roi, lui céda, par donation entre vifs, son palais et plusieurs meubles et bijoux d'un grand prix. Il confirma cette donation dans son testament fait à Narbonne au mois de mai 1642.

Le 7 octobre de l'année 1643, Anne d'Autriche, reine de France et régente du royaume, le roi Louis XIV et le duc d'Anjou, ses fils, quittèrent le Louvre pour venir prendre possession du palais Cardinal et y établir leur demeure. Le marquis de Touville qui étoit alors grand maréchal des logis de la maison du roi, représenta à la reine régente qu'il ne convenoit pas que le roi demeurât dans une maison qui portât le nom d'un de ses sujets; et sur ces raisons, la reine ordonna qu'on ôtât l'inscription du Palais. On commença dès lors à lui donner le nom de *Palais Royal*, qu'il a toujours retenu, quoique la même reine, à la prière de la duchesse d'Aiguillon, eût fait remettre l'inscription de *Palais Cardinal*, qu'on y a vue jusqu'au moment où le duc Philippe d'Orléans, père du dernier duc de ce nom, fit entièrement changer ce bâtiment de forme. Le roi Louis XIV céda dans la suite le palais royal à Philippe de France, son frère unique; et ses descendans en ont joui jusqu'au moment où la faulx révolutionnaire a fait tomber la tête de son dernier possesseur.

Il y avoit dans le Palais royal trois galeries célèbres par les peintures et les tableaux qu'elles renfermoient. La première régnoit le long de l'aîle gauche de la seconde cour : on la nommoit la *Galerie des hommes illustres*. Elle étoit de l'invention du cardinal de Richelieu qui l'avoit fait décorer avec beaucoup de dépense et de soin; mais par suite de tems, elle avoit été si négligée, qu'en 1727 on fut obligé de la détruire. Les portraits des illustres Français placés dans cette galerie étoient au nombre de vingt-cinq, et tous du choix du cardinal. Ils avoient été peints par Philippe Champagne, Simon Vouet, Jules d'Egmont et Poerson : chacun étoit accompagné de deux bustes de marbre dont la plupart étoient antiques, et de plusieurs petits tableaux qui représentoient la devise de ces héros et leurs actions les plus signalées. Au bas étoit un distique latin. Les emblêmes étoient l'ouvrage de Deguise, interprète du roi, renommé pour ce genre de composition. Bourbon, poète latin fort estimé, fit les distiques, mais des envieux en changèrent une partie. Quant aux portraits, Philippe Champagne fit son possible pour peindre, d'après les originaux, les héros qu'il avoit entrepris de faire revivre ; ainsi, il peignit, d'après Porbus, le portrait de Henri IV; d'après Vandick, celui de Marie de Médicis;

d'après Raphael, celui de Gaston de Foix : et pour les autres il chercha et fouilla dans les cabinets des curieux. Vouet ne fut pas si scrupuleux ; il en copia quatre d'après Bunel, et fit les autres d'imagination.

Toutes les peintures de cette galerie sont dessinées et gravées par Heince et Bignon, peintres et graveurs ordinaires du roi. On ne remarque point dans les estampes ni la science ni les beautés qu'on admiroit dans les peintures originales.

La seconde galerie, bâtie par Jules-Hardouin Mansard, en 1702, est connue sous le nom de la *Galerie d'Énée*. Le duc d'Orléans, régent, voulut que Coypel y représentât l'histoire de ce héros en treize tableaux placés dans la voûte et sur les lambris. Ce prince dessina lui-même plusieurs sujets tirés de l'Énéide. Nous lisons dans les mémoires du tems, que « Coypel, honoré
« plus que jamais des visites de M. le duc d'Orléans, passa l'été de 1702 à peindre soigneusement
« en petit l'assemblée des dieux, qui, l'année suivante, parut en grand au milieu de la voûte
« de la galerie du Palais royal ; il employa l'hiver à se munir d'études particulières ; et pour
« réparer le tort que lui faisoit la brièveté des jours, il passoit les soirées à faire des réflexions
« sur la peinture avec son intime ami M. de Piles en qui il avoit une extrême confiance. Au
« printems de l'année 1703, Coypel commença ce grand ouvrage sous les yeux de son prince,
« qui lui-même un jour voulut prendre le pinceau, disant qu'il étoit juste que le disciple aidât
« son maître. C'étoit bien l'aider en effet.... On peut dire que la perfection de cet ouvrage
« est due en partie à feu M. le duc d'Orléans. Le plafond de la galerie du Palais royal,
« commencé en 1703, fut terminé vers la fin de 1705. »

Toute la composition de la voûte et les tableaux des lambris ont été gravés dans le tems par Tardieu, B. Picard, Desplaces, Poilli, Duchange, Thomassin fils, Surugues, Beauvais, etc. et forment un recueil qu'on peut voir au cabinet des estampes de la Bibliothèque impériale.

Enfin la troisième galerie du Palais royal étoit celle qui renfermoit la collection des tableaux des plus grands maîtres, que le régent avoit achetés soit en France, soit en Italie. Amateur de la peinture qu'il cultivoit lui-même, ce prince, qui joignoit aux qualités du héros tous les talens et les connoissances d'un grand homme, voulut satisfaire dans toute son étendue le goût qu'il avoit pour cet art, et l'amour qu'il portoit à ses sublimes productions. Il employa vingt années à former sa magnifique galerie, la plus belle et la mieux assortie qu'il y eût alors en France. Cette galerie étoit divisée en trois pièces. Celle du milieu étoit éclairée par le haut, et répandoit un jour très-favorable aux chefs-d'œuvre de peinture dont elle étoit décorée. Nous n'entrerons point ici dans le détail de tous les tableaux qu'elle renfermoit : la plus grande partie se trouve gravée dans la présente collection. Il nous suffira de dire que le régent avoit apporté le plus grand empressement et mis tout en usage pour se procurer les meilleures productions des peintres célèbres. Il put choisir dans les cabinets les plus fameux de l'Europe. Pour s'en convaincre, il ne faut que parcourir le catalogue qui fut publié en 1727 par Dubois de St.-Gelais.

Nous nous bornerons à citer une anecdote concernant la collection de la reine Christine de Suède, collection qui passa de Rome à Paris pour enrichir le superbe cabinet du duc d'Orléans. Lorsque Sébastien Bourdon fut appelé en Suède avec le titre de premier peintre de la reine Christine, il lui fit le portrait de cette princesse représentée à cheval. Dans le tems qu'il la peignoit, elle lui parla des tableaux que le roi son père avoit trouvés en prenant la ville de Prague, et qui étoient encore emballés. Elle lui ordonna de les examiner. Bourdon lui en ayant fait un récit très-avantageux, sur-tout de ceux du Corrège, cette généreuse princesse lui dit qu'elle les lui donnoit ; mais le peintre lui représenta que c'étoient les plus beaux de l'Europe, et qu'elle ne devoit pas s'en dessaisir. La reine, d'après ces observations, se détermina à les garder, et les fit transporter à Rome, lorsqu'après avoir abdiqué la couronne, elle y alla fixer demeure, et augmenter encore sa précieuse collection. Après sa mort, ses tableaux, au nombre de quarante-sept, dont dix du Corrège, furent vendus à Livio Odeschalchi, neveu du pape Innocent XI, et c'est de ses héritiers que le régent en fit l'acquisition.

Les autres cabinets que le duc d'Orléans mit à contribution furent ceux des cardinaux Richelieu, Mazarin et Dubois, de Monsieur, de milord Melfort, du duc de Grammont, abbé de Mesainville, Derat, Forest de Naucré, de Nossé, de Seignelay, Tamboneau, Paillet, Launay, de la Ravois, du duc de Noailles, de Menars, d'Hautefeuille, du duc de Vendôme, Oberon, de Brétonvilliers, du Cher, de Lorraine, l'abbé de Camps, Dorigny, etc. etc.

Dans le nombre des tableaux capitaux, on doit compter les *sept sacremens* du Poussin. On sait que ce peintre inimitable avoit peint deux fois les *sept sacremens* ; la première pour le commandeur Del Pozzo, et la seconde pour M. de Chantelou, son ami : ce sont ces derniers qui, à la mort de leur propriétaire, avoient passé en Hollande où le régent les fit acheter et payer 120,000 liv. Le fameux *Saint Jean dans le désert*, tableau de Raphael, coûta 20,000 liv., ainsi que celui de *Saint Roch*, et un *ange*, par Annibal Carrache, qui étoit dans l'église de Saint-Eustache, à Paris. La *résurrection du Lazare*, par Sébastien de Venise, fut payée aux moines de Narbonne environ 24,000 liv., etc.

Au moyen de toutes ces acquisitions, la galerie du Palais royal renfermoit, au tems du régent, quatre cent quatre-vingt-cinq tableaux du meilleur choix et de la plus belle conservation. A la mort de ce prince, son fils Louis qui prit le nom de duc d'Orléans, fit le plus grand tort à la collection du palais royal. Cet homme, d'un caractère foible et bisarre, dans les accès d'une dévotion ridicule, détruisit et brûla la plupart des ouvrages de peinture faits par son père, entre autres les dessins originaux qui avoient servi pour les estampes de l'édition de *Daphnis et Chloé*. Il mutila plusieurs beaux tableaux des grands maîtres, qui représentoient des nudités. La *Leda*, du Corrège, fut une des victimes de son délire. Ce tableau avoit été donné par Christine de Suède à Louis XIV, et le duc d'Orléans le coupa en quatre morceaux. Coypel fils eut l'adresse de les recueillir, et les fit réparer par Delien. A la mort du directeur de l'académie de peinture, Pasquier l'acquit pour la somme de 16,000 liv. A la vente de ce dernier, en 1755, il fut acheté et payé 21,060 liv. pour le roi de Prusse qui l'avoit placé dans son cabinet de Sans-Souci. Ce tableau est revenu en France avec tous les objets d'arts conquis par les armées françaises en Allemagne, durant la campagne de 1806 et 1807. Il va reprendre la place qui lui est due parmi les chefs-d'œuvre du musée Napoléon.

Outre les dégradations et les mutilations faites aux peintures par ses mains ou par ses ordres, le duc Louis mit en vente une partie des tableaux flamands de son cabinet. D'Argenson, chancelier de ce prince, en fit publier le catalogue contenant quatre-vingt-huit articles qui furent vendus en détail le 28 juin 1727.

Le duc Louis d'Orléans étant mort en moine dans une des cellules de l'abbaye de Sainte-Geneviève, son fils Philippe lui succéda. Celui-ci, prince estimable à tous égards, et aussi respectable par ses vertus que par sa bienfaisance envers les savans et les artistes, ne fit, il est vrai, aucune augmentation à la galerie ; mais il sut conserver en entier l'héritage de ses pères. Son cabinet fut toujours ouvert aux étrangers, aux amateurs et aux artistes qui venoient y prendre des leçons, et jouir des productions des plus célèbres peintres. Lors du mariage du duc de Chartres, son fils, il lui céda son palais et toutes ses dépendances..... et nous oserons dire qu'il eut le bonheur de mourir sans être le témoin des erreurs funestes de son successeur.

A l'époque de l'assemblée nationale, en 1790, le duc d'Orléans, dernier du nom, pour se procurer de l'argent dont il fit un usage si condamnable, vendit tous les tableaux de la galerie du Palais royal. Un banquier de Bruxelles, nommé Walkuers, acheta ceux des écoles italienne et française pour le prix de 750,000 livres, et les revendit peu de jours après à M. Laborde de Mereville 900,000 livres. Il faut rendre justice à ce dernier ; il ne cherchoit pas à faire une spéculation commerciale : guidé par un plus noble motif, il vouloit conserver à la France une collection aussi précieuse; et à cet effet, il donna l'ordre de construire une galerie dans son hôtel, rue d'Artois, à Paris. Les travaux étoient déja avancés, lorsque l'orage révolutionnaire força M. de Laborde de quitter la France. Il passa en Angleterre, et y fit transporter ses tableaux qui furent une ressource pour lui dans son infortune. Trois seigneurs le duc de Bridge-Water, lord Carleisle et lord Gowr les lui achetèrent pour la somme de 41,000 livres sterling (environ un million, monnoie de France). Ces amateurs anglais conservant le caractère national, spéculèrent sur la curiosité publique. Ils firent une exposition qui dura six mois, au bout desquels ils vendirent les tableaux estimés à un prix fixe; et quoiqu'ils s'en fussent réservé un certain nombre qu'ils se partagèrent, le montant de la vente les remboursa de leurs avances, et leur procura de plus un très-grand bénéfice.

Les tableaux des écoles flamande, hollandaise et allemande furent également vendus en 1790 par le duc d'Orléans, à un marchand qui en paya la totalité 500,000 livres argent comptant. On ne sait ce qu'ils sont devenus, mais il est à présumer qu'ayant été dispersés, ils se trouvent disséminés dans les cabinets des amateurs de l'Europe entière.

Il résulte de ces ventes faites par le duc d'Orléans que tout le cabinet des tableaux de son bisaïeul, qui étoit estimé plus de quatre millions, a été dilapidé et abandonné pour la modique somme de douze cent cinquante mille livres.

C'est ainsi que les fautes de l'arrière petit-fils du régent ont fait disparoître de France la collection la plus rare et la plus complète, qui avoit exigé vingt années de soins et de recherches, et coûté des sommes immenses dans le tems de sa formation; c'est ainsi que les artistes, les amateurs et les voyageurs curieux ont été privés tout d'un coup de la jouissance d'un grand nombre de chefs-d'œuvre de tout genre dont la magnificence et le bon goût d'un prince français avoient enrichi sa patrie.

Heureusement que le sieur Couché, graveur du cabinet du duc d'Orléans, conçut, en 1785, le projet de faire graver la collection entière de cette galerie. Il proposa l'ouvrage par souscription, et le succès encouragea son entreprise. Presque tous les dessins étoient terminés et trente livraisons avoient été publiées, lorsque le duc vendit ses tableaux. Ce contre-tems n'arrêta point l'éditeur. Les livraisons se continuèrent avec assez d'exactitude jusqu'au moment où les désastres de la révolution ralentirent et firent même suspendre cette publication : mais un ouvrage aussi intéressant ne devoit pas rester longtems imparfait. Un grand nombre de souscripteurs ayant témoigné le desir qu'il fût repris et confectionné, le sieur Couché, qui avoit eu la sage précaution de se procurer presque tous les dessins, d'après les principaux tableaux de la galerie avant leur dispersion, se réunit, en 1806, aux sieurs Laporte et Bouquet pour conduire à sa fin une entreprise aussi utile aux arts qu'agréable aux amateurs. Ces éditeurs sont parvenus à compléter l'ouvrage qu'ils ont porté à cinquante-neuf livraisons. Ils publient aujourd'hui en trois volumes *in-fol.*, contenant ensemble 355 estampes, classées par écoles. On trouve à la tête du premier volume une table indicative pour le placement des gravures, d'après l'ordre déterminé pour les écoles, les maîtres et les sujets des tableaux.

Ce recueil, seul monument qui restera pour retracer le célèbre cabinet du duc d'Orléans régent, doit nécessairement entrer dans les bibliothèques publiques et particulières, et prend place à côté des galeries et des musées les plus renommés de France, d'Italie et d'Allemagne, dont la gravure a procuré la jouissance aux amateurs en même tems qu'elle a fait la réputation des artistes et des éditeurs qui ont coopéré à leur publication.

CROZE-MAGNAN.

TABLE
DE LA GALERIE
DU
PALAIS ROYAL.

Nota. Les chiffres mis hors ligne indiquent les N°°. des Livraisons.

TOME I.

ÉCOLE FLORENTINE.

LÉONARD DE VINCI.

1 *Portrait d'une femme,* 57
2 *La Colombine,* 38
3 *Hérodias,* 46

MICHEL-ANGE BUONAROTTI.

1 *La prière au jardin des Olives,* 36
2 *La Sainte Famille,* 15

GEORGES VASARI.

1 *Les six poètes,* 39

ALEXANDRE ALLORI.

1 *Vénus et l'Amour,* 27

ANDRÉ DEL SARTE.

1 *La mort de Lucrèce,* 1
2 *Jupiter et Léda,* 5

DANIEL RICCIARELLI dit VOLTERRE.

1 *Descente de croix,* 24

ÉCOLE ROMAINE.

RAPHAËL SANZIO D'URBIN.

1 *Jésus-Christ portant sa croix; — Jésus-Christ*
2 *au jardin des Oliviers; — Jésus-Christ mis*
3 *au tombeau ,* 49
4 *La Sainte Vierge,* ....,...... 8
5 *La Sainte Famille,* ..... : 14
6 *La Vierge et l'Enfant Jésus,* 16
7 *La Sainte Famille,* 18
8 *La Vierge,* 25

9 *Jules II,* 30
10 *Saint Jean au désert,* 49
11 *La Sainte Famille au palmier,* 58

SÉBASTIEN DE VENISE
dit FRA-BASTIAN DEL PIOMBO.

1 *Le portrait de Michel-Ange,* 33
2 *Descente de la croix,* 26
3 *La résurrection du Lazare,* 38

JULES ROMAIN.

1 *L'enfance de Jupiter,* 23
2 *La nourriture d'Hercule,* 15
3 *La naissance de Bacchus,* 30

FRISES.

1 *L'enlèvement des Sabines; — La paix entre*
2 *les Romains et les Sabins; — Coriolan,* 47
3
4 *La vertu de Scipion; — Récompenses militaires*
5 *données par Scipion; — Le siège de Car-*
6 *thagène,* .... ib.

CARTONS.

1
2 *Jupiter et Danaé; — Jupiter et Semelé ;*
3 *— Jupiter et Alcmène; — Jupiter et Io,*
4 *— Jupiter et Junon,* 59
5

POLIDORO CALDARA
dit POLIDORE DE CARAVAGE.

1 *Les trois Graces,* 56

PERRIN BUONACORSI dit PERRIN DEL VAGA.

1 *Les trois Déesses,* 14

NICOLO DE L'ABBATE.

1 *L'enlèvement de Proserpine,* 32

FRÉDERIC BAROCHE.

1 *Le repos en Egypte,* 2
2 *La Vierge aux chats,* 17

JOSEPH PORTA dit SALVIATI.

1 *L'enlèvement des Sabines,* 7

DOMINIQUE FÉTI.

1 *La fileuse,* 15

JOSEPH CESARI dit LE JOSEPIN.
1 Suzanne au bain, ... 6

PIETRE DE CORTONE.
1 La fuite de Jacob, ... 5

ANDREA SACCHI.
1 Adam et Abel, ... 40

MICHEL-ANGE CERQUOZZI
dit MICHEL-ANGE DES BATAILLES.
1 Partie de masques, ... 28

JACQUES COURTOIS dit LE BOURGUIGNON.
1 Choc de cavalerie, ... 10

CARLO MARATTI.
1 Le triomphe de Galatée, ... 16

ÉCOLE DE LOMBARDIE.

ANTOINE ALLEGRI dit LE CORRÈGE.
1 Les mulets, ... 26
2 La Vierge au panier, ... 8
3 Jupiter et Danaé, ... 20
4 La Madeleine, ... 27
5 L'éducation de l'Amour, ... 32
6 Noli me tangere, ... 41
7 Le duc Valentin, ... 55

FRANÇOIS MAZZOLA dit LE PARMÉZAN.
1 L'éducation de l'Enfant Jésus, ... 10
2 L'Amour taillant son arc, ... 14
3 Le sposalice, ... 38
4 La Sainte Famille, ... 48
5 Offrande à l'Enfant Jésus, ... 57

LOUIS CARRACHE.
1 Descente de croix, ... 29
2 Suzanne avec les vieillards, ... 4
3 Couronnement d'épines, ... 18
4 Ecce homo, ... 32
5 Sainte Catherine, ... 33
6 Mariage de Sainte Catherine, ... 34

AUGUSTIN CARRACHE.
1 Le martyre de Saint Barthelemi, ... 3
2 Jésus-Christ et la Madeleine, ... 30

BARTHOLOMÉ SCHIDONE.
1 La Vierge enseignant à lire, ... 1

ANNIBAL CARRACHE.
1 La Sainte Famille, sous le nom de Raboteux, 1
2 La procession du Saint-Sacrement, . . . 2
3 Le batelier, ... 4
4 Jupiter et Danaé, ... 7
5 Saint Roch, ... 12
6 La vision de Saint François, ... 13
7 Les Chasseurs, ... 28
8 Portrait d'Annibal Carrache, ... 31
9 L'enfant prodigue, ... 33
10 Le martyre de Saint Etienne, ... 34
11 Vénus et l'Amour, ... 36
12 Descente de la croix, ... 38
13 Saint Jean qui dort, ... 39
14 Saint Roch avec un ange, ... 42
15 Saint Jean qui montre le Messie, ... 43
16 Crucifix, ... 45
17 Descente de croix, ... 44
18 Toilette de Vénus, ... ib.
19 Le bain de Diane, ... 45
20 Le repos, ... ib.
21 La Samaritaine, ... 47
22 Saint Jean-Baptiste en prière, ... 55
23 Saint Etienne, ... 58
24 Saint Jean-Baptiste au désert, ... 56
25 Hercule enfant, ... 57

MICHEL-ANGE AMERIGI
dit LE CARAVAGE.
1 Le portrait du Caravage, ... 59
2 Le sacrifice d'Isaac, ... 14
3 Le flûteur, ... 41

FRANÇOIS ALBANE.
1 Saint Jean prêchant dans le désert, . . 2
2 La Sainte Famille, sous le nom de la Laveuse, 21
3 Salmacis et Hermaphrodite, ... 34
4 La Sainte Famille, ... 35
5 Saint Laurent Justinien, ... 42
6 La Samaritaine, ... 44
7 Noli me tangere, ... 45
8 La communion de la Madeleine, ... 46
9 Le baptême de Notre Seigneur, ... 55

GUIDO RENI ou LE GUIDE.
1 L'Enfant Jésus, ... 5
2 Sainte Apolline, ... 11
3 La Madeleine, ... 16
4 Hérodiade ou Hérodias, ... 24
5 Décolation de Saint Jean-Baptiste, . . . 26
6 La Vierge et l'Enfant Jésus, ... 29
7 Suzanne surprise au bain, ... 35
8 } Ecce homo; — Mater dolorosa, ... 36
9 }
10 David et Abigaïl, ... 40
11 La sibylle, ... 43
12 Saint Sébastien, ... 44
13 L'Amour, ... 49
14 Une tête de Madeleine, ... 50
15 Erigone, ... 51

DOMINIQUE ZAMPIERI dit LE DOMINIQUIN.
1 Portement de la croix, ... 3
2 Saint Jérôme, ... 7
3 Saint Jérôme dans le désert, ... 8
4 Le sacrifice d'Isaac, ... 10
5 Saint Jean évangéliste, ... 14
6 La Sibylle, ... 26
7 Saint François, ... 36
8 Les mariniers, ... 46

FRANÇOIS BARBIERI dit LE GUERCHIN.
1 La présentation de Jésus au temple, . . 32

David et Abigaïl, ... 59
Saint Jérôme 48

PIERRE-FRANÇOIS MOLA dit LE MOLE.

Le repos en Égypte, ... 1
Agar et Ismael, ... 23
La mort d'Archimède, ... 24
Saint Jean prêchant, ... 48

CARLO CIGNANI.

Jésus-Christ et la Madeleine, ... 20

GUIDO CALASSI dit CAGNACCI.

Une Jeune martyre, ... 3

TOME II.

ÉCOLE VÉNITIENNE.

JEAN BELLIN.

La circoncision, ... 19

TITIEN VECELLI.

1 Le portrait de Titien, ... 3
2 L'enlèvement d'Europe, ... ib.
3 Diane et Actéon, ... ib.
4 Philippe II et sa maîtresse, ... 4
5 Persée et Andromède, ... 8
6 Diane et Calisto, ... 9
7 La maîtresse de Titien, ... 10
8 Le tentateur, ... 13
9 Vénus qui se mire, ... ib.
10 La mort d'Actéon, ... 23
11 Mercure enseignant à lire à l'Amour, . . . 29
12 La cassette, ... 34
13 Clément VII, ... 37
14 La Madeleine, ... 39
15 Le départ d'Adonis, ... ib.
16 La vie humaine, ... 43
17 Jésus et la Madeleine, ... ib.
18 L'esclavone, ... 46
19 Le repos en Égypte, ... 52
20 Vénus à la coquille, ... 54
21 Charles V, ... ib.

GEORGES GIORGION DE CASTELFRANCO.

1 L'invention de la vraie croix, ... 4
2 Milon le Crotoniaque, ... 6
3) Gaston de Foix; — Pic de la Mirandole, . . 9
4)
5 Portrait de Pordenon, ... 28
6 L'Amour piqué, ... 37
7 Un chevalier blessé, ... 50

ANTOINE-JEAN REGILLO dit PORDENON.

1 La femme adultère, ... 15

2 Hercule et Acheloüs, ... 18
3 Judith et Holopherne, ... 29

JACQUES DEL PONTE dit LE BASSAN.

1 La circoncision de Notre Seigneur, ... 6

JACQUES ROBUSTI dit TINTORET.

1 Jupiter et Léda, ... 11
2 L'allaitement d'Hercule, ... 25
3 Descente de la croix, ... 31
4 Les ducs de Ferrare, ... 43
5 La conviction de Saint Thomas, ... 45
6) Aretin; — Le Titien, ... 46
7)

ANDRÉ SCHIAVONE.

1 Jésus-Christ devant Pilate, ... 8
2 Le Christ mort, ... 23
3 Le Christ au tombeau, ... 49

PAUL CALIARI dit VERONÈSE.

1 Les pèlerins d'Emaüs, ... 56
2 La mort d'Adonis, ... 12
3 L'homme entre le vice et la vertu, ... 21
4 La sagesse compagne d'Hercule, ... 58
5 Mercure, Hersé et Aglaure, ... 56
6 Mars désarmé par Vénus, ... 58
7 Mars et Vénus liés par l'Amour, ... ib.
8 Mars, Vénus et l'Amour, ... 56
9 La fille de Paul Veronèse, ... 22
10 Jupiter et Léda, ... 25
11 Moïse Sauvé, ... 27
12 Le jugement de Salomon, ... 28
13 Le respect, ... 55
14 L'Amour heureux, ... 50
15 Le dégoût, ... 57
16 L'infidélité, ... 35
17 L'enlèvement d'Europe, ... 37
18 Les Israëlites sortant d'Égypte, ... 46
19 Embrâsement de Sodôme, ... 53

LOUIS LEONI dit LE PADOUAN.

1 Renaud et Armide, ... 15

LAMBERT SUSTER.

1 L'Enlèvement de Proserpine, ... 11

JACQUES PALME dit LE VIEUX PALME.

1 Vénus et l'Amour, ... 5
2 Hérodias, ... 37
3 Vénus qui se peigne, ... 11
4 Sainte Catherine, ... 52
5 Portrait d'une jeune fille, ... 55

FRANÇOIS BASSAN.

1 Le midi, ... 49
2 Le paralitique, ... 33

LÉANDRE BASSAN.

1 L'arche de Noé, ... 48

CHARLES CALIARI.

1 L'adoration des rois, ... 23

ALEXANDRE VERONÈSE.

1 *Apparition des anges à Abraham*, ... 34
2 *Chasteté de Joseph*, ... 38

ÉCOLE GÉNOISE.

SINIBALDO SCORZA.

1 *Le marché*, ... 18
2 *Le repos de chasse*; 29
3 *Le pont*, ... 45

LUCA CAMBIASO.

1 *Vénus et Adonis*, ... 13
2 *Judith et Holopherne*; 22

ÉCOLE NAPOLITAINE.

JOSEPH RIBERA dit L'ESPAGNOLET.

1 *Jésus au milieu des docteurs*, ... 4
2 *Démocrite*, ... 30
3 *Héraclite*, ... 41
4,5 *Héraclite; — Démocrite*, ... 53

LUCA GIORDANO.

1 *Les vendeurs chassés du temple*; 19
2 *La piscine*, ... 31

PAUL MATTEI.

1 *Salmacis et Hermaphrodite*, ... 9

DOM DIEGO VELASQUEZ DE SILVA.

1 *Moïse sauvé*, ... 2
2 *Loth et ses filles*, ... 10

ÉCOLE FLAMANDE.

PIERRE BREUGHEL.

1 *Concert des chats*, ... 23
2 *Le grand chemin*, ... 30

JEAN BOL.

1 *Fuite en Egypte*, ... 38

MARTIN DE VOS.

1 *Pan et Syrinx*, ... 7
2 *Les fleuves*, ... 26

PIERRE VAN-MOL.

1 *Danse flamande*, ... 9

PAUL BRILL.

1 *Les chèvres*, ... 11
2 *Le repos en Egypte*, ... 15

3 *La chasse aux canards*, ... 34
4 *Les nymphes et les satyres*, ... 36

FRANÇOIS PORBUS.

1 *Henri IV*, ... 12

JEAN BREUGHEL dit DE VELOURS.

1 *La tonte des moutons*, ... 2
2 *Le chariot*, ... 1

PIERRE-PAUL RUBENS.

1 *Le Jugement de Pâris*, ...
2 *L'enlèvement de Ganimède*, ...
3 *Vénus revenant de la chasse*, ... 2
4 *La continence de Scipion*, ... 2
5 *Thomiris*, ... 4
6 *L'aventure de Philopœmen*, ... 2
7 *Saint Georges*, ... 5

ESQUISSES.

1 *Mariage de Constantin*, ... 4
2 *La croix miraculeuse*, ... 5
3 *Le Labarum*, ... 5
4 *Bataille de Constantin contre Maxence*, . . 5
5 *Mort de Maxence*, ... 5
6 *Trophée à la gloire de Constantin*, ... 5
7 *Entrée de Constantin dans Rome*, ... 5
8 *Constantin rend la liberté aux sénateurs*, . 5
9 *Constantin donne le commandement de la flotte à Crispe, son fils*, ... 5
10 *Fondation de la ville de Constantinople*, . . 5
11 *Constantin adore la vraie croix*, ... 2
12 *Baptême de Constantin*, ... 2

THÉODORE ROMBOUTS.

1 *Assemblée des Dieux*, ... 2
2 *Le serment d'Annibal*, ... 2

JEAN MIEL ou MÉEL.

1 *La danse*, ... 1
2 *La vendange*, ... 2
3 *L'abreuvoir*, ... 2

ANTOINE VAN-DYCK.

1 *La famille de Charles I, roi d'Angleterre*, .
2 *Charles I*, ...
3 *Le comte d'Arundel*, ...
4 *Le duc d'Yorck*, ...
5 *Seigneur anglais*, ...
6 *Un pair d'Angleterre*,
7 *Une miladi*,
8,9 *Une veuve; — La princesse de Falsbourg*,
10 *Snyders*, ...

DAVID TENIERS.

1 *Le chimiste*, ...
2 *La guitare*, ...
3 *Le vieillard*, ...
4 *La fumeuse*, ...
5 *Les joueurs*, ...
6 *La gazette*, ...
7 *L'estaminet*, ...
8 *Le cabaret*, ...
9 *Le berger*, ...

TOME III.

ÉCOLE HOLLANDAISE.

ANTOINE MORO.
Hugues Grotius, ... 51

ABRAHAM BLOEMAERT.
Saint Jean prêchant dans le désert, ... 12

ADRIEN STALBEN.
La pêche, ... 31

CORNILLE POELENBURG.
Les nymphes au bain, ... 5
Cephale et Procris, ... 6
Les nymphes et les faunes, ... 35
Les vaches, ... 40
Les ruines, ... 51

REMBRANT VAN-RYN.
Flamand; — Flamande, ... 1
Un bourguemestre, ... 4
Une vieille Hollandaise, ... 6
Le moulin, ... 7
Saint François, ... 11

GÉRARD DOW.
Le joueur de violon, ... 54
La vieille et la lampe, ... 7
La Hollandaise sur son stock, ... 21

PIERRE LAËR dit BAMBOCHE.
Les enfans, ... 19
Les sbires, ... 17

PIERRE VOUWERMANS.
Départ pour la chasse, ... 33
Retour de la chasse, ... 27
La curée, ... 32
La chasse au vol, ... 39

HERMAN SWANEVELT.
Les bergers, ... 41

BARTHOLOMÉ BREENBERG.
Les ruines, ... 14
Les bergers, ... 16
Les rochers, ... 19
La tour, ... 31

JEAN-BAPTISTE WEÉNINX.
La gayette bachique, ... 19

PAUL POTTER.
Chasse au cerf, ... 43

TOL.
La cuisinière, ... 50

FRÉDÉRIC MOUCHERON.
La chûte d'eau, ... 12

FRANÇOIS MIERIS.
Le chimiste, ... 17
Les bacchantes, ... 47
Une femme mangeant des huitres, . 59

GASPARD NETSCHER.
Portrait de Gaspard Netscher, ... 8
Les bohémiennes, ... 9
Agar, ... 33
Le repos, ... 21
Offrande à Vénus, ... 22
La maitresse d'école, ... 36
L'oiseau, ... 40

GODEFROI SCHALKEN.
La bague, ... 42

VAN-DER-NÉER.
Retour des bestiaux, ... 25

JEAN GRIFFIER.
La rivière, ... 20
Les deux montagnes, ... 22

ADRIEN VAN-DER-WERFF.
La vendeuse de marée, ... 16
Le vendeur d'œufs, ... 17
Le jugement de Páris, ... 42

JEAN WYNANTS.
Le moulin, ... 49

ÉCOLE ALLEMANDE.

JEAN ROTTENHAMER.
Jupiter et Danaé, ... 22

JEAN-HENRI ROOS.
Le pâtre, ... 47

VAGNER.
Les voyageurs, ... 50
Les ruines, ... 52

ÉCOLE FRANÇAISE.

FRANÇOIS CLOUET dit JANET.
Henri IV, ... 25

SIMON VOUET.
Gaucher de Chatillon, ... 32

NICOLAS POUSSIN.

1 *Le baptême,* 10
2 *La pénitence ,* 36
3 *La confirmation ,* 42
4 *L'eucharistie ,* 41
5 *L'extrême-onction ,* 37
6 *L'ordre ,* 44
7 *Le mariage ,* 40
8 *La naissance de Bacchus ,* 9
9 *Le frappement du rocher ,* 21
10 *Moïse marchant sur la couronne de Pharaon,* 22
11 *Moïse exposé ,* 53
12 *Le ravissement de Saint Paul ,* ... 57

CLAUDE GÉLÉE dit le Lorrain.

1 *Soleil couchant ,* 21

LE VALENTIN.

1 *Les cinq sens ,* 5
2 *Les quatre âges ,* 6
3 *La musique ,* 16

PHILIPPE DE CHAMPAGNE.

1 *Louis XIII ,* 27

2 *Gaston de Foix,* 2

SEBASTIEN BOURDON.

1 *Christine, reine de Suède ,* 1
2 *Warin ,* 4

EUSTACHE LE SUEUR.

1 *Alexandre et son médecin ,* 5

CHARLES LE BRUN.

1 *Le massacre des innocens ,* ....
2 *Hercule assommant les chevaux de Diomède ,*

JEAN-BAPTISTE SANTERRE.

1 *Le régent ,* ....

HYACINTHE RIGAUD.

1 *Charlotte-Elisabeth de Bavière , duchesse d'Orléans ,* ....

ANTOINE WATEAU.

1 *Le bal champêtre ,* ....

Nota. La collection est de 355 estampes; savoir:

TOME PREMIER.

De l'École florentine , ... 10 ⎫
De l'École romaine , ... 31 ⎬ 130
De l'École lombarde , ... 89 ⎭

TOME SECOND.

De l'École vénitienne , ... 74 ⎫
De l'École génoise , ... 5 ⎪
De l'École napolitaine , ... 10 ⎬ 143
De l'École flamande , ... 54 ⎭

TOME TROISIÈME.

De l'École hollandaise , ... 49 ⎫
De l'École allemande , ... 4 ⎬ 82
De l'École française , ... 29 ⎭

TOTAL 355

GALERIE DU PALAIS ROYAL,

OU

COLLECTION D'ESTAMPES

GRAVÉES D'APRÈS LES TABLEAUX DE CETTE GALERIE.

La Galerie des tableaux du Palais Royal, formée à grands frais par le duc d'Orléans, régent, augmentée par les princes ses descendants, et composée d'un grand nombre choisi et varié de chefs-d'œuvre des plus grands maîtres des différentes écoles, étoit sans contredit une des plus riches et des plus complètes qui existassent, puisqu'on y pouvoit voir à-la-fois tous les âges, toutes les manières et tous les genres de peinture.

Plus on a à regretter la perte de ce monument, plus la Collection d'estampes gravées d'après les tableaux qui le composoient doit être précieuse et recherchée.

Entreprise depuis longues années par le sieur Couché, qui, en sa qualité de graveur du cabinet du duc d'Orléans, avoit un libre accès dans sa Galerie, et secondé par les meilleurs dessinateurs et graveurs qu'il a employés, cette Collection a été annoncée par souscription en janvier 1786; et accueillie aussi favorablement qu'elle le méritoit, elle a été régulièrement distribuée de trois en trois mois, par livraisons composées de six estampes chacune, jusques à l'époque où les désastres de la révolution, qui ont fait négliger tous les arts, ont forcé l'éditeur de suspendre, ou du moins de ralentir le travail, et d'interrompre le cours des livraisons.

Un ouvrage aussi intéressant ne devoit pas rester imparfait. Un grand nombre de souscripteurs ayant témoigné le desir qu'il fût continué et terminé, pour y répondre, le sieur Couché, qui avoit eu la sage précaution de se procurer tous les dessins des tableaux de la Galerie, avant leur dispersion, s'est concerté avec le sieur Laporte pour les faire graver.

Il a été publié jusqu'à ce jour 47 livraisons, composées de six estampes chacune; il reste à faire paroître, pour compléter la Collection, 66 planches, toutes (sujets les plus marquans) gravées d'après les meilleurs tableaux des plus grands maîtres des différentes écoles, tels que Raphaël, Jules Romain, Léonard de Vinci, Annibal Carrache, F. Albane, A. Corrège, Le Titien, Paul Véronèse, Rubens, Teniers, G. Douw, N. Poussin, Eustache Le Sueur et autres.

Plusieurs de ces planches sont terminées : les autres sont entre les mains des meilleurs artistes, et bien avancées. Ainsi, le sieur Laporte s'étant chargé de cette entreprise, à laquelle le sieur Couché continue de donner ses soins, et dont la direction est confiée au sieur Bouquet, qui, par ses talens, s'est acquis la réputation la plus grande et la mieux méritée pour la conduite et la perfection des grands ouvrages de gravure, peut promettre que les livraisons à venir, composées, comme les précédentes, de six estampes chacune, seront publiées de mois en mois et sans interruption, à commencer du 15 octobre 1806.

Une douzième et dernière livraison sera formée d'une estampe sur feuille entière de Jésus, qui se ploiera, représentant la vue et le développement de la belle Galerie du Palais Royal ; de trois frontispices pour les trois volumes que l'ouvrage entier formera ; d'un texte imprimé de discours préliminaire, et d'une table indicative du placement des estampes, d'après l'ordre qu'on s'est proposé d'établir pour les écoles, les maîtres, et les sujets des tableaux.

Le sieur Laporte ose espérer retrouver la récompense de son exactitude, de ses soins et de ses grandes dépenses, dans l'empressement de la part des souscripteurs, à retirer les nouvelles livraisons aussitôt qu'elles seront publiées.

Le prix de chaque livraison est de 15 fr. Mais les souscripteurs qui tarderont plus de trois mois, après leur publication, à les faire retirer, les paieront irrévocablement 18 fr.

On fournira séparément ou ensemble, au même prix de 15 fr. chacune, les premières livraisons qui ont paru jusques et inclus la 47e.; et ceux qui, au 31 décembre 1806, auront négligé de se compléter, les paieront 18 fr.

S'adresser, à Paris, chez LAPORTE, libraire, rue de Savoie, n. 5, faubourg St.-Germain.

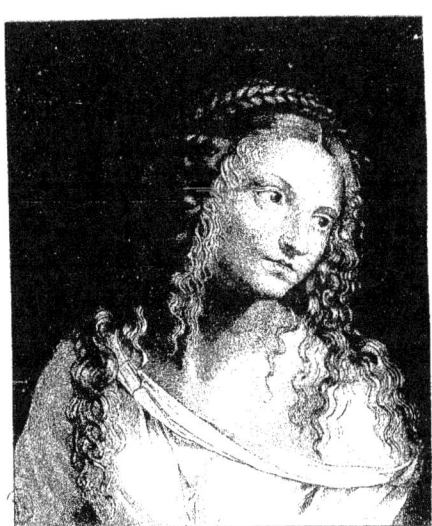

Leonard de Vinci Pinx. Morard grav. Sculpt.

PORTRAIT D'UNE FEMME INCONNUE.
De la Galerie du Palais d'Orléans.

ÉCOLE FLORENTINE

TABLEAU DE LEONARD DE VINCI.

Peint sur bois, hauteur 16 pouces, largeur 10 pouces.

La tête de cette jeune femme est penchée. Une partie de sa chevelure tressée en nattes la ceint en guise de diadême; l'autre partie retombe en ondoyant, flotte sur les épaules et empêche le passage trop brusque des tons chairs avec l'obscurité du fond.

Léonard, fils naturel d'un notaire de Vinci en Toscane, naquit suivant l'opinion la plus suivie en 1452, et mourut en France dans un château près S.t Ambroise en 1519. Il surpassa en peu de tems Andrea del Verrocchio son maître, mais il en adopta les maximes et se plut à en répéter fréquemment les airs de tête et l'agencement des coiffures. Comme lui et dessus plus volontiers qu'il ne peignit. Dans le choix des formes il posséda une nature agréable du beau idéal et s'appliqua surtout à rendre les affections de l'âme. Ses ouvrages offrent deux manières distinctes. Dans la première il se servoit d'ombres fortes pour faire valoir les lumières. L'effet des secondes est plus tranquille et les demi-teintes y aident l'ombre et le clair en harmonie. Ils sont rares parceque les travaux presque toujours au dessous de l'idée qu'il s'étoit formé de la perfection de la peinture, il se resolvait difficilement à les terminer. En revanche on lui attribue souvent les tableaux de ses élèves dont la réputation n'égala point la sienne.

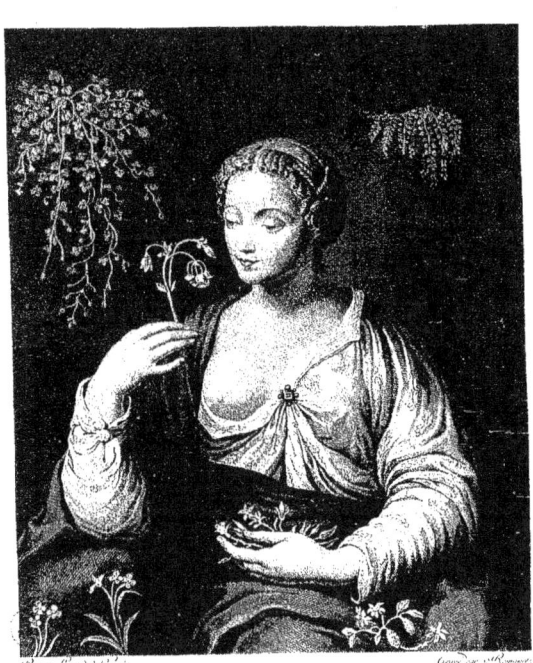

LA COLOMBINE.
De la Galerie du Palais d'Orléans.
ÉCOLE FLORENTINE.

IIme TABLEAU DE LÉONARD DE VINCI.

Peint sur Bois, ayant de hauteur 2 Pieds 4 Pouces, sur 1 Pied 10 Pouces de large.

Ce Portrait, qu'on dit être celui de la Maîtresse de François Ier, est très bien conservé. Il est du bon tems de Léonard de Vinci; on y retrouve cette précision, ces détails, et cette imitation parfaite de la Nature, dont ce Peintre avoit toujours fait l'objet de ses savantes réflexions. La Tête et les Mains sont d'une exécution si suave et si bien fondue, que l'on n'aperçoit qu'à peine le trait des Contours.

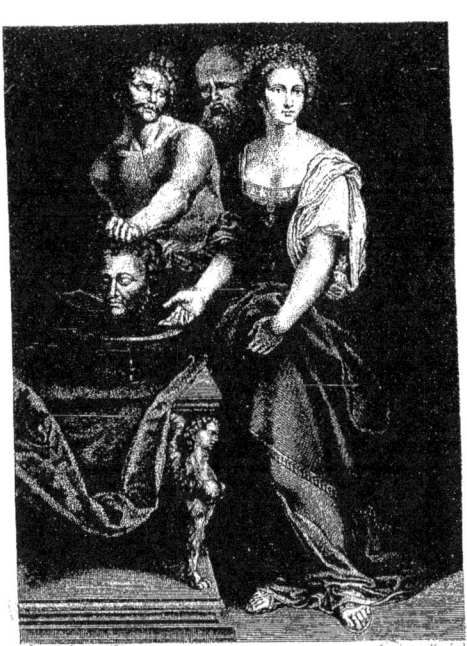

Peint par Léonard de Vinci. Gravé par C. Marchand.

HERODIAS.
De la Galerie du Palais Royal.
ÉCOLE FLORENTINE.

III.ᵉ TABLEAU DE LÉONARD DE VINCI.

Peint sur Bois, ayant de hauteur 4 Pieds, sur 2 Pied 8 Pouces de large.

Hérodias est debout; elle relève sa robe d'une main et de l'autre semble montrer au spectateur la tête de S.ᵗ Jean Baptiste qu'un bourreau à demi nud, tient suspendue au-dessus d'un Bassin.

Le Dessin de ce Tableau est noble et correct, les détails sont rendus avec précision.

Les Carnations sont un peu violettes, défaut ordinaire aux ouvrages de Léonard de Vinci. Les ombres sont tellement poussées au noir dans plusieurs endroits qu'on peut à peine apercevoir les figures du second plan.

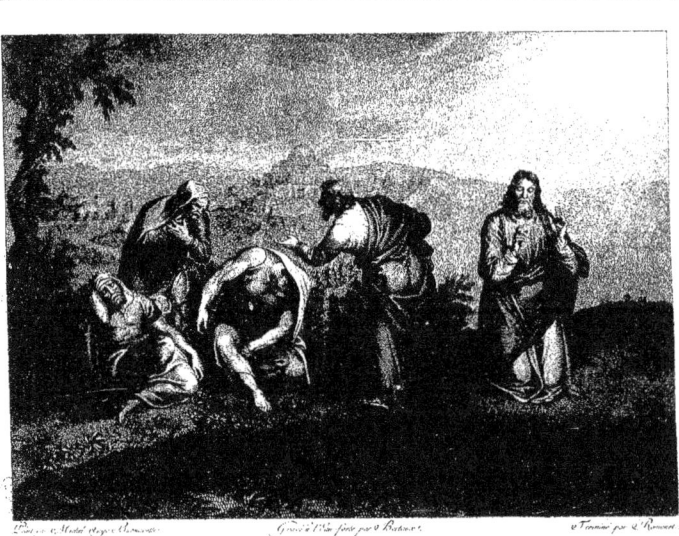

LA PRIÈRE AU JARDIN DES OLIVIERS.

De la Galerie du Palais d'Orléans.

ÉCOLE FLORENTINE.

1.ᵉʳ TABLEAU DE MICHEL ANGE BUONAROTTI.

Peint sur Bois, ayant de hauteur 1 Pied 10 Pouces, sur 2 Pieds 2 Pouces de large.

Deux Tableaux de ce Maître font partie de cette Collection.

Michel-Ange Buonarotti, naquit en 1474, au Château de Chiusi, près Arezzo en Toscane. Son Père Léonard Buonarotti, le fit nourrir au Village de Settignano, par la femme d'un Sculpteur. La Nature l'avoit destiné à devenir célèbre, non seulement comme Peintre, mais aussi comme Architecte et comme Sculpteur; il fit en cy Genre des Morceaux d'un style si sublime, qu'il induisit en erreur les plus excellens connoisseurs d'Antiquités. Né avec un génie ardent et insatiable pour l'étude, il acquit, dès sa plus tendre jeunesse, des connoissances profondes dans toutes les parties du Dessin. La Nature, les Chefs-d'Œuvres antiques, et l'étude de l'Anatomie, lui devoilerent les secrets du vrai et du Beau. Ses grandes dispositions pour la Peinture lui firent donner pour Maître, Dominique Ghirlandi. Il se fit en peu de tems des progrès si rapides que ses camarades en conçurent une telle jalousie qu'il se détermina à quitter son Maître pour se garantir de leurs mauvais traitemens. Michel-Ange n'avoit plus besoin de guide; son génie bouillant ne pouvoit plus s'astreindre aux vieilles routines et abandonné à ses propres Moyens, ses premières Productions étonnerent par la grandeur et la hardiesse du Style. Il fut le premier qui affranchit son Art de la manière sèche, pauvre et gothique de P. Perrugin, qui dominoit dans toutes les Ecoles et même dans celle de S. Raphaël jusqu'à cette Epoque.

On reproche à Michel-Ange de n'avoir pas réuni au grand caractère de Dessin, l'Elégance et les graces, ses Expressions sont quelquefois plus terribles que nobles, et il entendoit peu la partie du Coloris. Néanmoins il existe à Florence et à Rome des Monumens de Peinture, de Sculpture et d'Architecture qui justifient sa haute réputation, et la protection des Souverains les plus éclairés de l'Italie, dont il jouissoit.

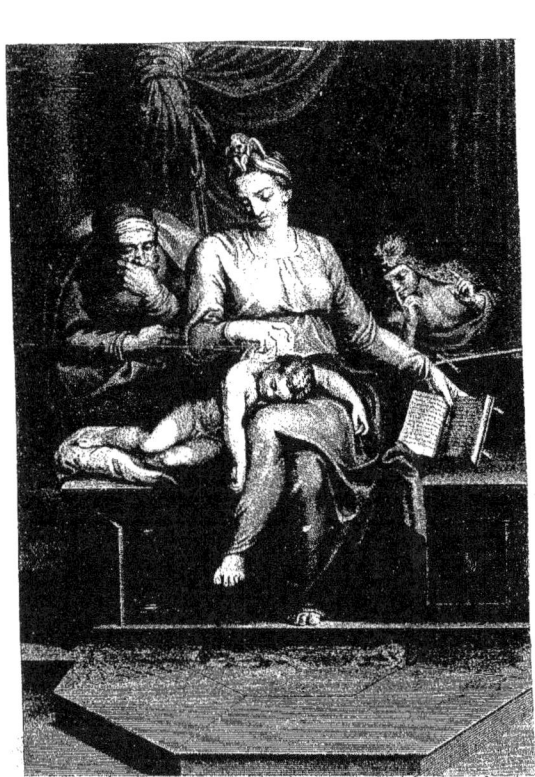

SAINTE FAMILLE.
De la Galerie de S. A. S. Monseigneur le Duc d'Orléans.

ÉCOLE FLORENTINE.

II.ᵉ TABLEAU DE MICHEL-ANGE BUONAROTTI.

Peint sur Buis, ayant de hauteur 1 Pied 4 Pouces, sur 11 Pouces et demie de large.

Ce Tableau donne une idée de la manière de Michel-Ange. On y remarque un grand caractère de Dessin, mais on regrette en même tems de ne pas trouver dans cette composition la noblesse et la grâce dont elle est susceptible. Quoique le coloris ne soit pas la partie la plus estimée des ouvrages de ce Maitre, on trouve dans celui-ci de belles carnations et un effet harmonieux.

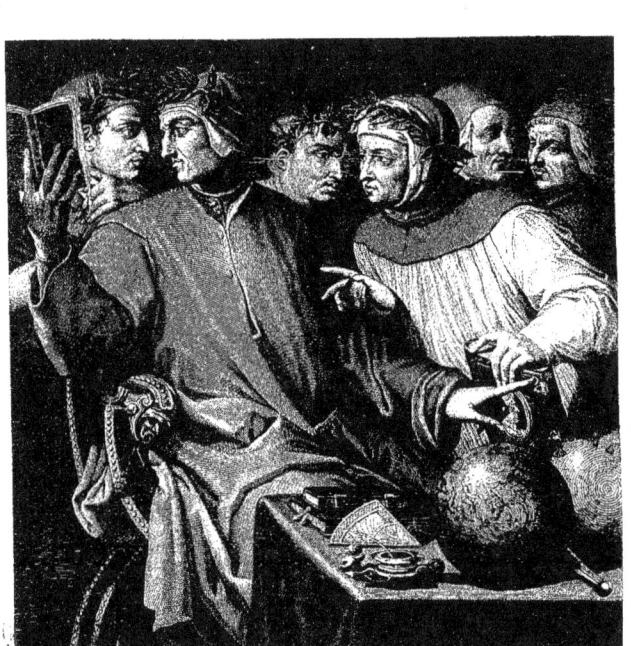

Peint par Giorgio Vasari.   Gravé par Patas et. Mondet.

LES SIX POËTES.
De la Galerie du Palais d'Orléans.
ÉCOLE FLORENTINE.

TABLEAU DE GEORGES VASARI.

Peint sur Bois ayant de hauteur 5 Pieds 4 Pouces, sur 4 Pieds de Large.

Dante, Petrarque, Guido Cavalcanti, Bocace, Cino de Pistoie et Gustone d'Arezzo sont les Six
Personnages representés dans ce Tableau. Petrarque est reconnoissable à son habit de Chanoine, ayant eu un
Canonicat à Milan après la mort de la belle Laure dont le Portrait est sur la couverture d'un livre qu'il tient.
Dante est sur le devant assis très près d'une Table sur laquelle il y a deux Livres posés l'un sur l'autre, une
Ecritoire, deux Globes, et un Compas.

Les Vies des Peintres, des Sculpteurs et des Architectes, composées par Vasari, l'ont bien plus fait connoître que ses
ouvrages de Peinture, quoi qu'il en ait fait beaucoup, peignant avec une grande facilité. Il fut successivement disciple
de Guillaume de Marseille, d'André del Sarte, et de Michel Ange, et acquit un assez bon goût de dessin, mais ayant négligé
le Coloris il ne s'est pas fait une grande réputation. Il mourut à Florence en 1574 âgé de 64 ans.

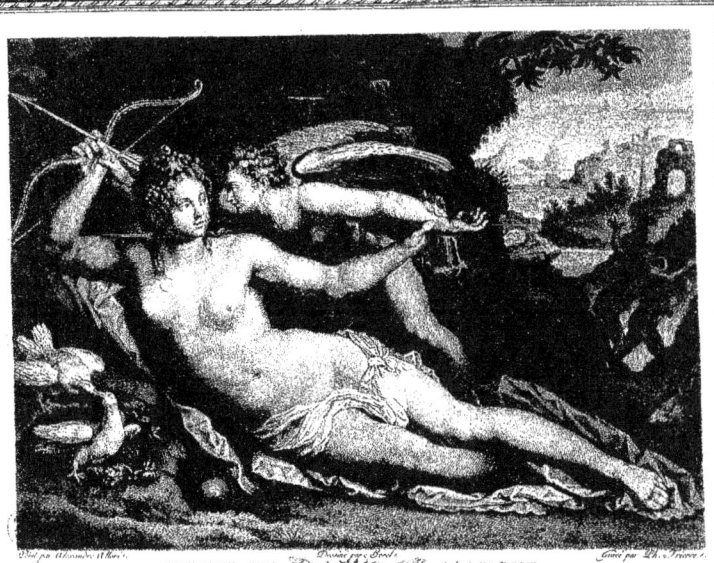

VENUS ET L'AMOUR.
De la Galerie du Palais Royal

ÉCOLE FLORENTINE.

TABLEAU D'ALEXANDRE ALLORI.

Peint sur Bois, ayant de hauteur 4 Pieds 4 Pouces, sur 6 Pieds - Pouces de large.

Il n'y a qu'un Tableau de ce Maître dans la Galerie du Palais Royal.

Ce Sujet paroit être une Allégorie par laquelle le Peintre a voulu opposer aux charmes séduisans de la Beauté, le Vice et l'abîme où nous précipitent les dérèglemens de l'Amour et de la Volupté.

Vénus couchée sur une Draperie saisit l'Arc de l'Amour dans l'instant où il décoche un trait, Elle lui retient le bras qui le lance et le fixe d'un œil sévère. L'Amour retient le regard tendrement. Deux Colombes qui se becquotent sur des Roses sont le symbole de la tendresse et le lapin qui se voit aux pieds de Vénus est aussi celui de la crainte et de la timidité. Plus loin l'on voit un homme et une femme sous une sombre hideuse tourmentés par le remords et le désespoir et prêts à tomber dans les flâmes.

Ce Tableau a des beautés de Dessin et de Pinceau qui caractérisent le grand Maître, la figure principale est d'un contour élégant et gracieux, les Têtes ont de la noblesse et de l'expression, et l'effet général est piquant et d'un bon ton de couleur.

Alexandre Allori, né en Toscane en 1535 fut élève du Bronzin et Maître du fameux Civoli: il a peint l'Histoire et le Portrait, son Pinceau a des graces et son Dessin l'énergie que donne une grande connaissance de l'Anatomie. Il mourut en 1607 âgé de 72 Ans.

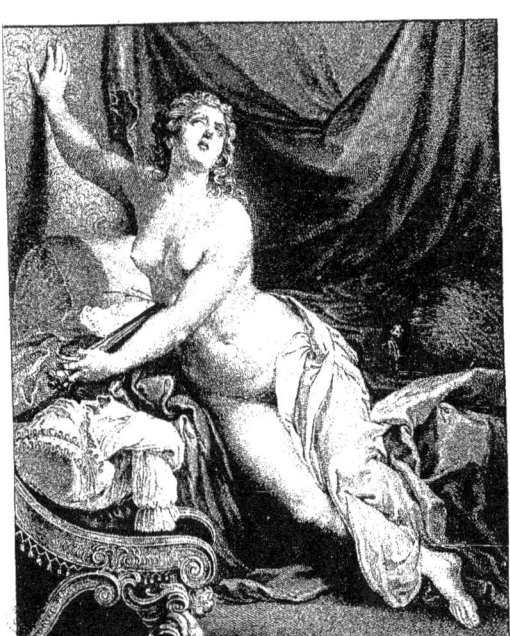

LA MORT DE LUCRECE
De la Galerie de S. A. S. Monseigneur le Duc d'Orléans.

ECOLE VENITIENNE.

1.er TABLEAU D'ANDRÉ DEL-SARTE,

Peint sur Toile, ayant de hauteur 4 Pieds 5 Pouces, sur 3 Pieds 3 Pouces de large.

Deux Tableaux d'André Del-Sarte font partie de la Collection de M.gr le Duc d'Orléans.

Celui qui représente La Mort de Lucrèce, sujet trop connu pour qu'il soit nécessaire de l'expliquer ici, est trés-bien composé; le Dessin en est élégant, la couleur suave et savante; le Peintre n'a rien négligé pour rendre avec vérité les différentes Etoffes dans les accessoires et la draperie de la figure: les caractère de tête est admirable par l'expression de la douleur.

André Del-Sarte, né à Florence en 1488, dont Tailleur d'habits, dont lui est venu le nom de Del-Sarte, fut destiné d'abord à l'orfèvrerie, mais entraîné par son goût pour la Peinture, il y fit bientôt des progrès les plus rapides, en dessinant d'après des Maitres distingués, surtout d'après Michel-Ange et Leonard de Vinci. Il composa plusieurs ouvrages qui font encore le charme des connaisseurs. La réputation s'étendit en France où il fut appelé par François I qui lui donna des preuves d'une libéralité digne de ce Protecteur éclairé des Beaux-Arts. Dans un Voyage qu'il fit quelque temps après en Italie, il fut attaqué de la peste, et mourut en 1520, agé seulement de 42 ans.

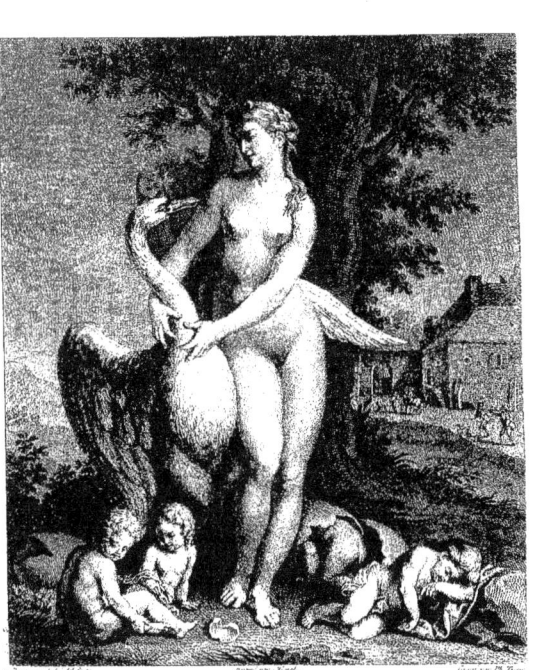

JUPITER ET LÉDA

De la Galerie de S.A.S. Monseigneur le Duc d'Orléans.

ÉCOLE FLORENTINE

TABLEAU D'ANDRÉ DEL-SARTE.

Peint sur bois, ayant de hauteur 3 pieds 2 p.ᶜᵉ sur 2 pieds 4 p.ᶜᵉ de large.

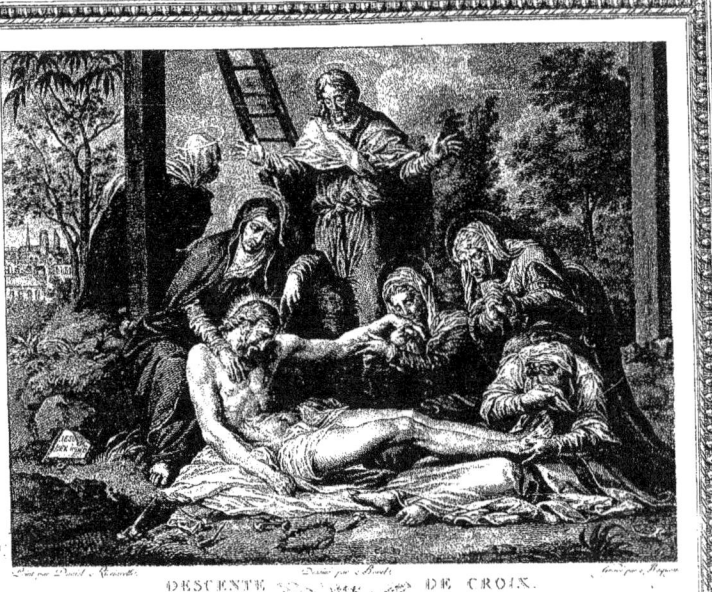

Peint par David Ricciarelli.   Dessiné par Borel.   Gravé par *Hopwood*.

DESCENTE DE CROIX.

De la Galerie de S. A. S. Monseigneur le Duc d'Orléans.

ÉCOLE FLORENTINE.

TABLEAU DE DANIEL RICCIARELLI,
DIT DE VOLTERRE.

Peint sur Bois, ayant de hauteur 2 Pieds 9 Pouces, sur 3 Pieds 2 Pouces de large.

Un seul Tableau de ce Maître fait partie de la Collection du Palais Royal.

Ce Tableau réunit à la correction un assez bon goût de couleur et un effet vigoureux. Les têtes ont de l'expression. La ville de Volterre en Toscane où ce Peintre naquit en 1509, lui donna le surnom de Volterre sous lequel il est plus connu. N'ayant pas fait de grand progrès sous ses premiers Maîtres il alla à Rome l'envie qu'il avoit de peindre, le fit travailler pour Perin del Vague qui avoit entrepris une Chapelle et avoit besoin de quelqu'un pour l'aider. Comme il s'attacha à la manière de Michel-Ange, il fit de très belles choses. La Descente de Croix qu'il a peinte à fresque à la Trinité du Mont, passe pour un des trois beaux Tableaux de Rome. Il étoit aussi habile Sculpteur; c'est de lui qu'est le Cheval de la Place Royale à Paris. Catherine de Médicis lui avoit commandé une Statue Équestre de Henri II mais elle ne fut pas exécutée. Le Cheval a servi ensuite pour celle de Louis XIII. Son travail continuel et sa mélancolie naturelle avancèrent sa mort qui arriva en 1566.

N.º I.

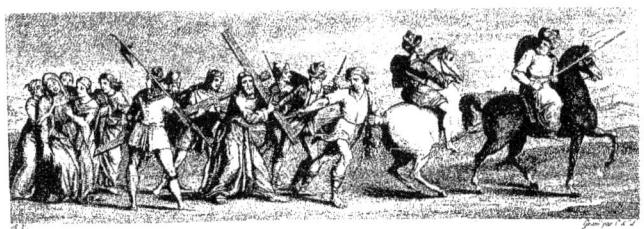

J. C. PORTANT LA CROIX.

N.º II. N.º III.

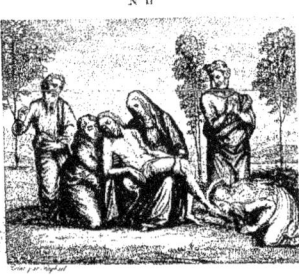 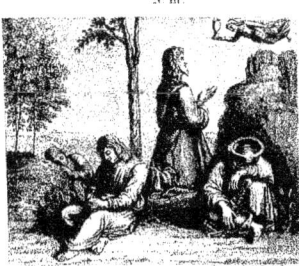

J. C. MIS AU TOMBEAU.   J. C. AU JARDIN DES OLIVIERS.

De la Galerie du Palais d'Orléans.

ÉCOLE ROMAINE.

I. II. III.ᵉᵐᵉ TABLEAUX DE RAPHAEL.

Peints sur bois hauteur N.º 1 pouces ½ largeur 2 pieds. N.º II et III. hauteur 9 pouces largeur 10 pouces.

Ces trois sujets sont tirés du Nouveau Testament.

N.º I. J. C. portant sa Croix precedé de satellites et traîné par ses bourreaux il est suivi de la Vierge sa mere accablée de douleur et soutenue par ses compagnes.

N.º II. J. C. mort, S.t Jean aide la Vierge à le poser sur ses genoux, tandis que Marie Magdeleine prosternée à ses pieds, les arrose de larmes; deux autres de ses Disciples déplorent sa perte.

N.º III. J. C. en prière au jardin des Oliviers, un ange lui apporte le Calice que son père lui envoye; trois de ses Disciples, qui l'avoient accompagné, se sont endormis à l'écart.

Nous nous sommes déterminés à réunir sur une seule planche ces trois compositions de Raphael, que nous pouvons assurer être les trois premiers tableaux qu'il fit alors qu'il étudioit sous Perrugin son premier maître.

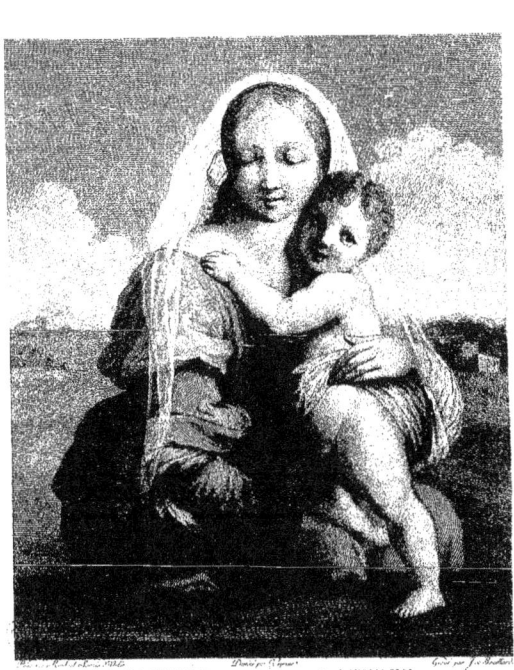

LA SAINTE VIERGE.
De la Galerie de S.A.S. Monseigneur Le Duc d'Orléans.

ÉCOLE ROMAINE.

IV.ᵉ TABLEAU DE RAPHAËL SANZIO D'URBIN,

Peint sur Toile, ayant de hauteur 2 Pieds 6 Pouces, sur 2 Pieds de large.

Quelques critiques ont jugé par l'air de tête de la Sainte Vierge que ce Tableau pouvoit être de la composition de Timothée Vti d'Urbin, élève de Raphaël. Quoiqu'il en soit, on peut le regarder comme un des plus beaux qui existent, tant par rapport à la beauté de l'exécution, que par rapport à la fraîcheur du Coloris, et au charme répandu sur tout l'ouvrage. Il excite la plus vive admiration. Quelle force de Nature, quel beau caractère, quelle expression fine et touchante dans la figure de l'Enfant Jésus! Quelle douceur et quelle modestie dans celle de la Sainte Vierge!

Ce Tableau a beaucoup souffert, particulièrement dans le Ciel. Il est vraisemblable qu'en le nettoyant on n'aura pas pris les précautions nécessaires pour son entière conservation.

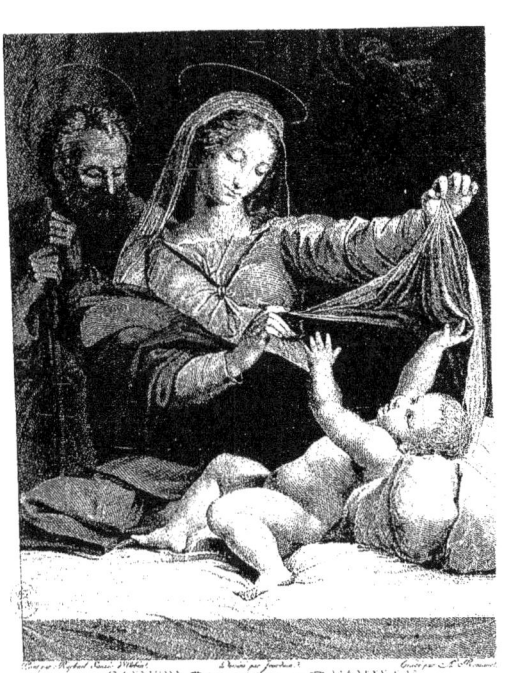

SAINTE FAMILLE.
De la Galerie de S.A.S. Monseigneur le Duc d'Orléans.

ÉCOLE ROMAINE.

N.º TABLEAU DE RAPHAËL SANZIO D'URBIN.

Peint sur Toile, ayant de hauteur 3 Pieds 7 Pouces, sur 2 Pieds 8 Pouces de large.

Ce Tableau est attribué à Raphael. On y reconnoit la composition, le dessein et cette expression naïve qu'on remarque dans les Ouvrages de ce grand Peintre. Cependant quelques Amateurs prétendent que c'est une Copie faite par André Del Sarte d'après Raphael. André Del Sarte en effet avoit un talent si particulier de copier qu'ayant été chargé de faire une copie du Portrait de Leon X, il y réussit si bien que personne ne put distinguer la Copie d'avec l'original. Jule Romain lui-même qui avoit travaillé sous Raphael dans les draperies de ce Portrait, y fut trompé, et ne revint de son erreur qu'après qu'on lui eut fait appercevoir quelques marques qu'on y avoit mises pour ne point se méprendre.

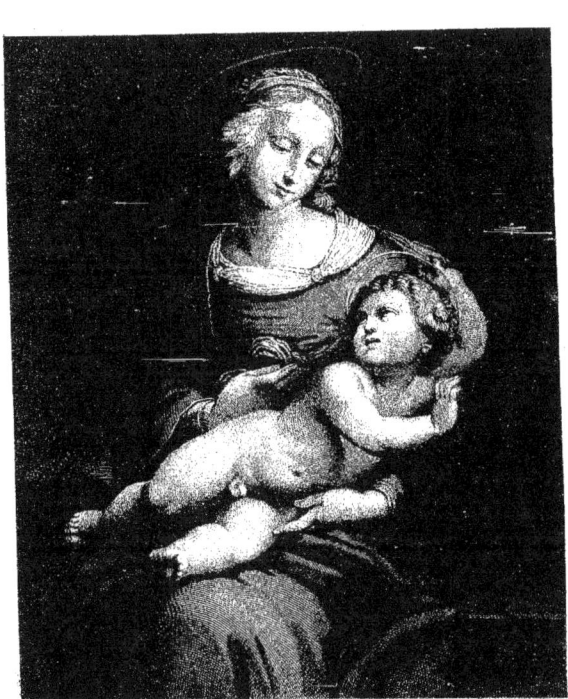

LA VIERGE ET L'ENFANT JÉSUS.
De la Galerie de S. A. S. Monseigneur Le Duc d'Orléans.

ÉCOLE ROMAINE.

VI.e TABLEAU DE RAPHAEL SANZIO D'URBIN.

Peint sur Bois, ayant de hauteur 2 Pieds 4 Pouces, sur 1 Pied 6 Pouces de large.

Ce Tableau est très bien conservé et se fait remarquer avantageusement par la pureté et le grand caractère du Dessin, ainsi encore par la fraîcheur du Coloris et le beau Pinceau.

La S.te Vierge tient l'Enfant Jésus sur ses genoux et le regarde avec tendresse. La Noblesse, la Candeur et la Sainteté sont exprimées d'une manière sublime dans les traits de cette chaste Mère.

Ce beau Tableau a passé du Cabinet de M.r D. Seignelay dans celui de M.r D. Montarsis, et dans celui de M.r Roundé, Joaillier du Roi, de qui feu S. A. R. M.gr Le Duc d'Orléans, Régent, l'avoit acheté.

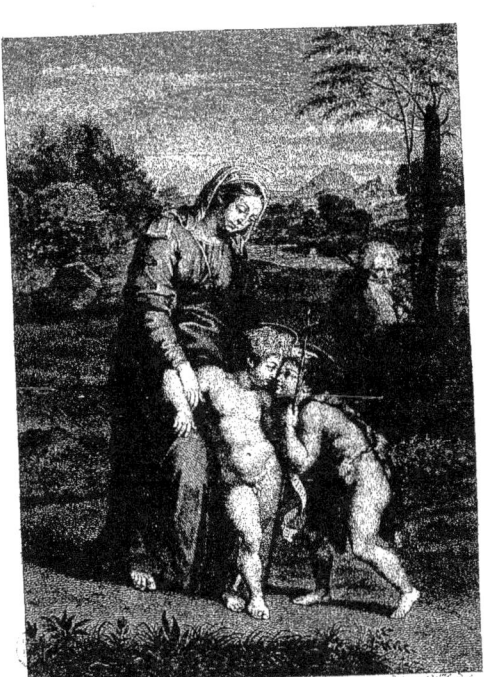

Peint par Raphaël Sanzio d'Urbin.   Dessiné par Bouchet.   Gravé par J.H. Godinberg.

SAINTE FAMILLE.

De la Galerie de S.A.S. Monseigneur Le Duc d'Orleans.

ÉCOLE ROMAINE.

VII.ᵉ TABLEAU DE RAPHAËL SANZIO D'URBIN.

Peint sur Bois, ayant de hauteur 2 Pieds 9 Pouces, sur 1 Pied 11 Pouces de large.

Raphaël avait fait avec beaucoup de soin ce Tableau pour le Duc d'Urbin, qui le donna au Roi d'Espagne; le Roi d'Espagne en fit présent à Gustave Adolphe, Roi de Suède Père de la Reine Christine, dans le Cabinet de laquelle il tenait le premier rang.

Les Connaisseurs trouvent dans ce Tableau toutes les parties de la Peinture, et ils conviennent que Raphaël y a peint à la pureté et au grand caractère du Dessin, le velouté et cette intelligence de Lumière et de Clair-obscur qu'on admire dans les meilleurs Peintres Vénitiens.

La Reine Christine de Suède faisait un si grand estime de ce Tableau, qu'il a toujours été sous une Glace jusqu'au temps qu'il a passé dans le Cabinet de Monseigneur Le Duc d'Orleans.

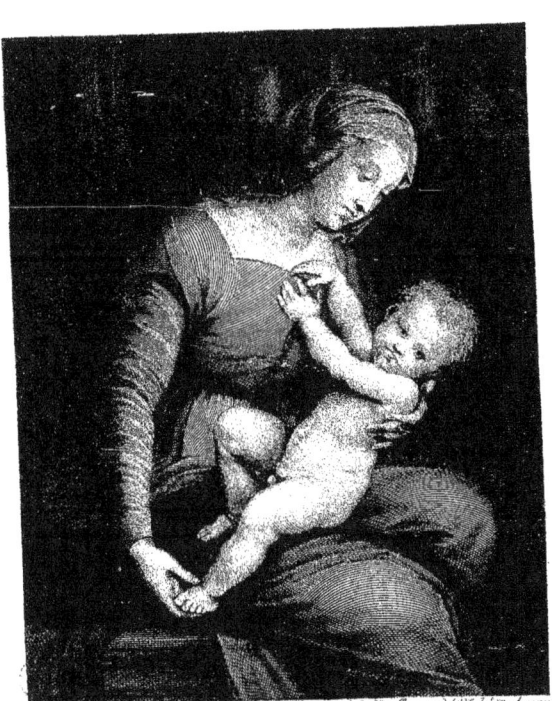

LA VIERGE.
De la Galerie de S. A. S. Monseigneur le Duc d'Orléans.

ÉCOLE ROMAINE.

VIII.ᵉ TABLEAU DE RAPHAËL SANZIO D'URBIN.
Peint sur Bois, ayant de hauteur 11 Pouces, sur 8 Pouces 6 Lignes de large.

Les traits aux quels on connoit les Ouvrages de Raphaël, se trouvent également dans ses compositions les plus simples, et c'est ce que l'on voit dans ce sujet qu'il a souvent répété. Un Dessin sublime, pour la finesse et la pureté, donne aux attitudes les plus innocentes un mouvement gracieux, et aux expressions les plus naïves, un caractère de candeur et de noblesse qui ne laisse rien à désirer. Ce Maître n'est pas moins étonnant par la sagesse de ses pensées que par la vérité et le Style imposant de ses exécutions.
Ce Tableau est d'une belle conservation.

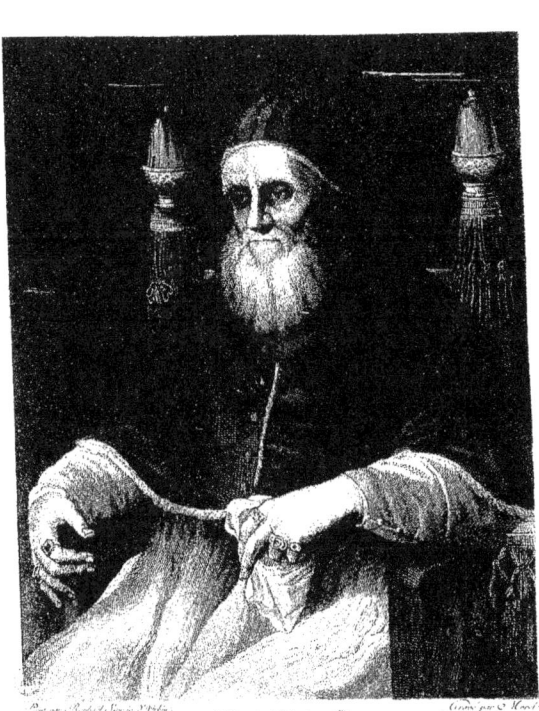

JULES II.
De la Galerie du Palais Royal.

ÉCOLE ROMAINE.

D'UN TABLEAU DE RAPHAËL SANZIO D'URBIN.

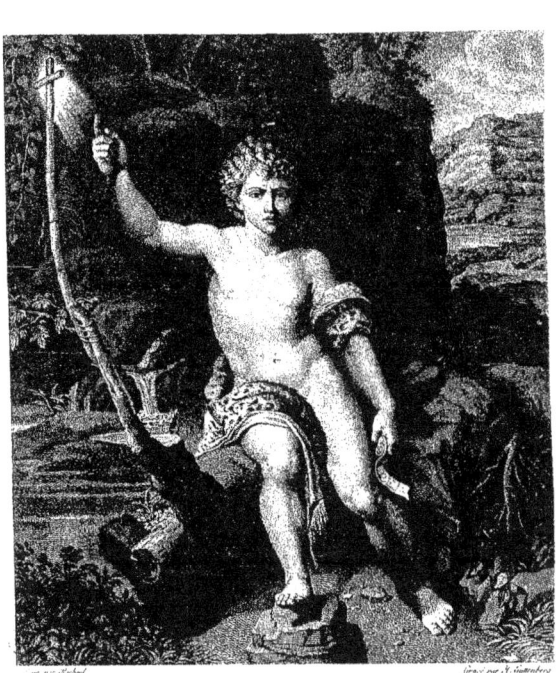

Peint par Raphael   ST JEAN AU DÉSERT.   *Gravé par N. Gatteaux*

De la Galerie du Palais d'Orléans.

ÉCOLE ROMAINE.

N.º TABLEAU DE RAPHAËL SANZIO.

Peint sur bois, hauteur 4 pieds 1 pouce; largeur 4 pieds 6 pouces.

La finesse des contours, le relief de la figure, la fermeté du pinceau, la beauté et la conservation du coloris, font regarder ce tableau comme le type des répétitions qu'on en voit à Bologne, à Rome et à Florence. La filiation de ses possesseurs depuis Marie de Médicis jusqu'au Régent paraît certaine. Il est donc probable que l'erreur en parlant d'un jeune S.¹ Jean au désert peint sur toile et donné par Raphael à son médecin, désigne moins le tableau de Florence que celui du Musée Napoléon. Ce dernier gravé par S.¹ Valée est peint sur toile, provient de la famille Buonaventi, et présente une composition différente. C'est donc à la faveur de l'identité du sujet que l'erreur a pris naissance. On peut même soupçonner l'école Romaine dont la plupart des tableaux sont marqués ainsi que le S.¹ Jean de Florence N.tre Le peintre de ce tableau, de l'avoir copié d'après celui parfaitement conservé de la Galerie d'Orléans, et de s'être permis quelques légers changements par respect pour son maître, afin d'écarter toute accusation de mépris.

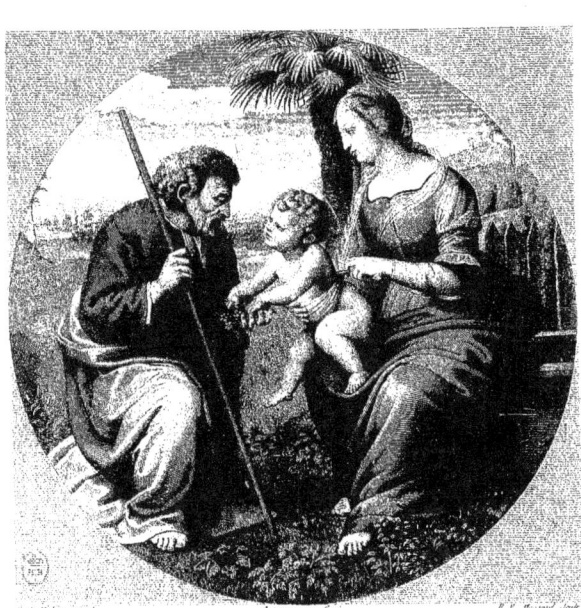

LA SAINTE FAMILLE au Palmier.
De la Galerie du Palais d'Orléans.

ÉCOLE ROMAINE

TABLEAU DE RAPHAEL SANZIO

Peint sur un panneau de bois de forme ronde ayant trois pieds de diamètre.

La Vierge assise près d'un palmier a fait du voile qui la couvrait une ceinture pour soutenir son fils, et favoriser ses jeux enfantins. Elle prend plaisir à le voir se pencher et prendre les fleurs que S.t Joseph un genou en terre et la main appuyée sur un bâton lui présente d'un air respectueux. Le fond du tableau est orné d'un paysage simple mais agréable et les devans sont couverts de plantes variées et étudiées avec soin.

L'on attribue à la seconde manière de Raphael cette production toujours recherchée avec empressement à cause de sa beauté. Les noms de ses heureux possesseurs encore vivans de nos jours sont consignés dans les ouvrages de Félibien et de Crozat. Tous deux ont remarqué que M.r la Marquise d'Aumont la vendit cinq mille livres à M.r Polmonier, et l'obligea en même temps de lui en donner une copie pour être mise dans l'Église de Port Royal à Paris. Philippe de Champagne fut chargé de ce travail. Malgré les talens réels qui le distinguaient, cet artiste imitateur servile, mais froid de la nature, fit passer peu des beautés de l'original dans la copie, il n'en retraça guères que la composition.

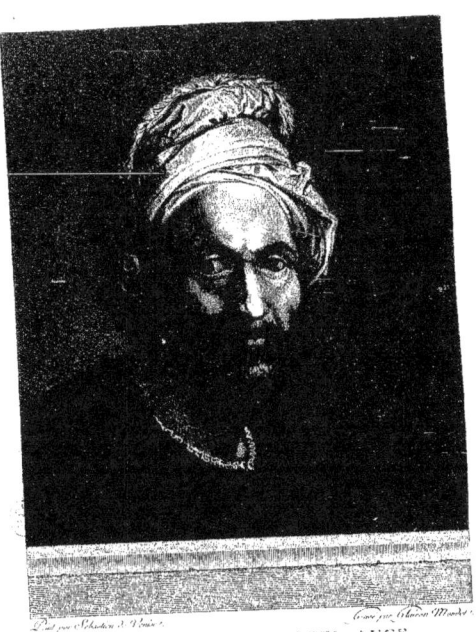

Peint par Sebastien de Venise.   Gravé par Gluaron Mouchet.

LE PORTRAIT DE MICHEL-ANGE.
De la Galerie du Palais d'Orléans.
ÉCOLE ROMAINE.

1.er TABLEAU DE SEBASTIEN DE VENISE,
APPELLÉ COMMUNÉMENT FRA-BASTIAN DEL PIOMBO.

Peint sur Bois, ayant de hauteur 1 Pied 6 Pouces, sur 1 Pied 1 Pouce de large.

On voit trois Tableaux de ce Maître dans la Galerie du Palais d'Orléans.

Un Office monachal appellé Del Piombo que le Pape Clément VII. donna à ce Peintre, lui a fait appeller Fra-Bastian del Piombo, surnom qui lui est demeuré, et sous lequel il est connu communément. Il étoit de Venise, et s'adonna fort dans sa jeunesse à la Musique, touchant du Luth excellement bien. Ayant ensuite du goût pour la Peinture, il en apprit les principes de Jean Bellin et de Giorgion. Après avoir fait quelques ouvrages il alla à Rome, et s'étant attaché à Michel-Ange, il acquit une grande capacité.

Ce Peintre finit ses jours à Rome dans son emploi monachal en 1547 âgé de 62 ans.

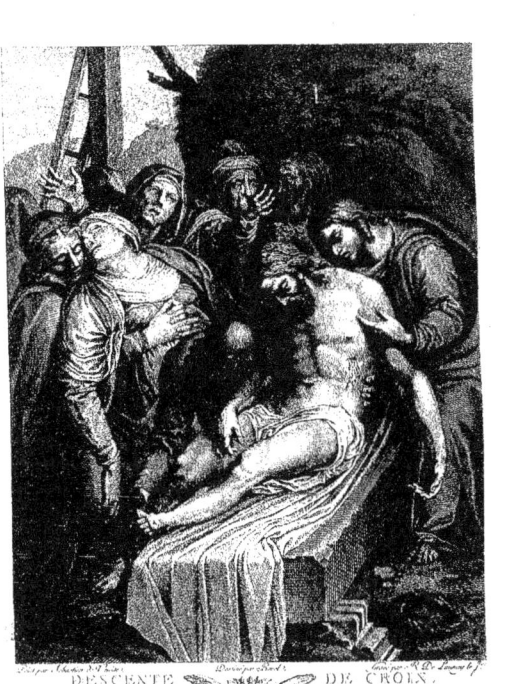

DESCENTE DE CROIX.
De la Galerie du Palais Royal.

ÉCOLE ROMAINE.

II.ᵉ TABLEAU DE SEBASTIEN DE VENISE,
appellé communément FRA-BASTIAN DEL PIOMBO.

Peint sur Bois, ayant de hauteur 2 Pieds 5 Pouces sur 2 Pieds 10 Pouces de large.

Ce Tableau est admirable autant par la force et la beauté du Coloris que par la pureté du Dessein et la vérité des expressions. Il justifie la haute réputation dont jouissoit Fra Bastian, et après la mort de Raphaël, ce Peintre se fut mis à la tête de l'École de Rome, si Jules Romain n'eût pas balancé son crédit. Il suffit de dire que ses Ouvrages tiennent beaucoup de Michel-Ange pour le Dessein et du Giorgion pour le Coloris.

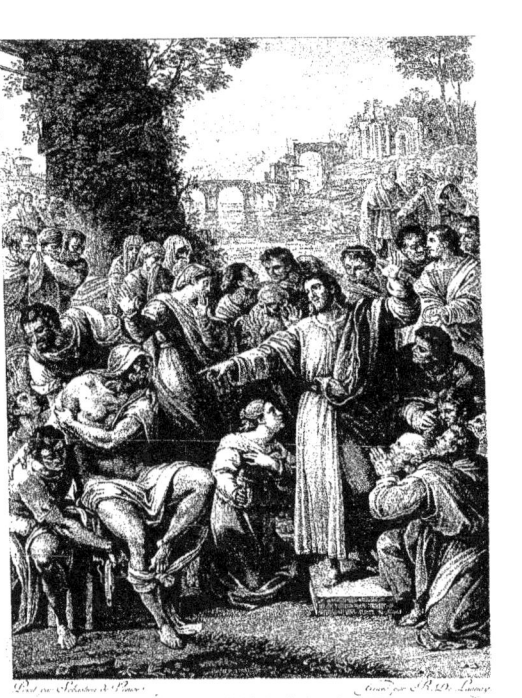

LA RÉSURRECTION DU LAZARE.
De la Galerie du Palais d'Orléans.
ÉCOLE ROMAINE.

III.ᵐᵉ TABLEAU DE SEBASTIEN DE VENISE,
APPELLÉ COMMUNÉMENT FRA-BASTIAN DEL PIOMBO.

Peint sur Bois, ayant de hauteur 10 Pieds 10 Pouces, sur 9 Pieds de large.

Le Cardinal Jules de Médicis qui avoit chargé Raphaël de faire le Tableau de la Transfiguration, fit faire en même tems à Sebastien celui de la Résurrection du Lazare.

On reconnoît dans ce tableau la force du Dessin de S.ᵗ Michel Ange. A cette occasion l'Arétin, ami particulier de Michel-Ange et de Raphaël, rapporte ainsi ce qu'il avoit appris de ce dernier. « Que je sois aidé par S.ᵗ Michel Ange, pensa en lui même Sebastien, mes morceaux concurrent, ou lui disputant mes Tableaux, car s'il est vrai qu'il ne se soutiendroit pas auprès des miens, il soutira bien que ce n'est pas au Sebastien que je l'impute, mais au Mich.ᵉˡ Ange lui même qui dessine, et avec quelque raison, le M.ᵉˡ du Dessin.

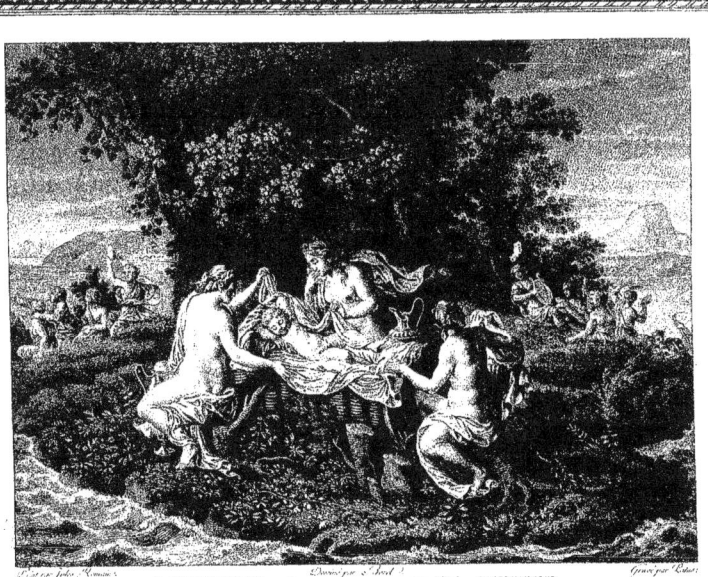

L'ENFANCE DE JUPITER.

De la Galerie de S. A. S. Monseigneur le Duc d'Orléans.

ÉCOLE ROMAINE.

I.er TABLEAU DE JULES ROMAIN.

Peint sur Bois ayant de hauteur 3 Pieds 3 Pouces, sur 5 Pieds 6 Pouces de large.

M.gr le Duc d'Orléans possede trois Tableaux, Six Frises et Cinq Cartons de Jules Romain.

Selon la fable, Saturne dévoroit tous les Enfans mâles que Rhée mettoit au monde. Titan lui avoit cédé son droit d'ainesse sous cette condition, espérant par là que lui ou ses Enfans se ressentiroient dans la suite. Jupiter étant né avec Junon, Rhée voulut le soustraire à la cruauté de Saturne; ce qu'elle fit en lui présentant Junon, et au lieu de Jupiter une pierre emmaillotée, qu'il dévora sur le champ. Elle donna Jupiter à élever aux Curetes ou Corybantes qui par le bruit de différens Instrumens empêchoient que les cris de l'Enfant ne parvinssent jusqu'aux oreilles de son Père &c.a.

Jules Romain, dit M. de Piles, a été le premier et le plus savant des Disciples de Raphaël. Son imagination qui étoit comme assoupie dans l'éxécution des Desseins de son Maître pendant tout le tems qu'il travailla avec lui, prit tout d'un coup l'essor, quand elle se vit en liberté: ce n'étoit plus cette Veine gracieuse, ni ce doux feu d'imagination, qui tout empruntés qu'ils étoient, ne laissoient pas de mettre en doute si quelques Tableaux qui sortoient de sa main étoient de lui ou de son Maître: Etant donc tout à fait à lui, il anima ses Ouvrages par des idées plus sévères, plus éxtraordinaires, et plus expressives encore, mais moins naturelles que celles de Raphaël.

Jules Romain mourut à Mantoue en 1546 âgé de 54 ans au grand regret de Frederic de Gonzague qui l'avoit attiré dans ses États et qui l'aimoit éxtrêmement. Il laissa un fils et une fille, la quelle fut mariée à Hercule Malatesta.

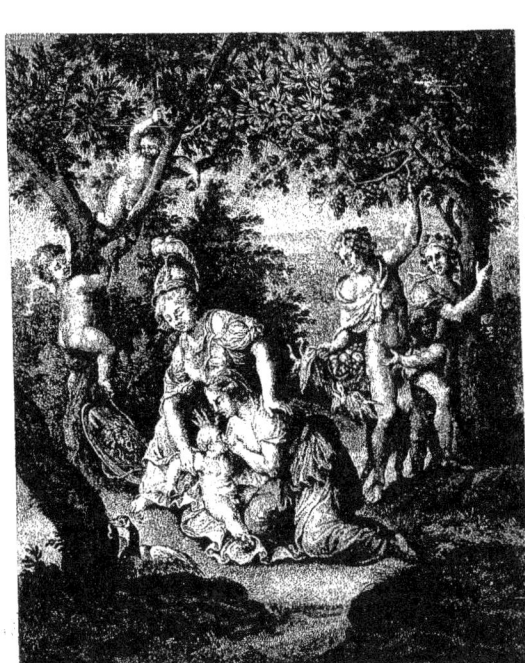

LA NOURITURE D'HERCULE.

De la Galerie de S. A. S. Monseigneur le Duc d'Orléans.

ÉCOLE ROMAINE.

II.ᵉ TABLEAU DE JULES ROMAIN.

Peint sur Bois, ayant de hauteur 3 Pieds 11 Pouces, sur 2 Pieds 8 Pouces de large.

Le sujet de ce Tableau est Hercule enfant allaité par une Nymphe qui se penche et considère avec étonnement les traits de force qui le caractérisent déjà. Pallas appuyée sur la Nymphe et soutient l'enfant par le bras. Derrière ce groupe on voit un Satyre qui tient dans une peau des Chèvres des pommes et des raisins qu'il vient de cueillir, près de lui sont une faïne et un enfant. Le fond du Tableau est un Paysage, on voit deux enfants chargés de pommes sur l'un des quels deux enfants montent pour se décharger, c'est sans doute l'emblème du jardin des Hespérides, sur le devant est un Lion qui tient à son bec un petit Serpent, aussi qui rappelle sans doute les deux que Junon avait envoyés contre Hercule et qu'il étouffa dans son berceau.

La pensée emblématique de cette composition n'est pas assez nette pour la suivre dans toutes ses parties. Il suffit de considérer ce Tableau par ce qu'il a un style fin et reconnu la fierté de la touche de Jules Romain, sa couleur et tout ce qui caractérise les belles productions de ce Maître.

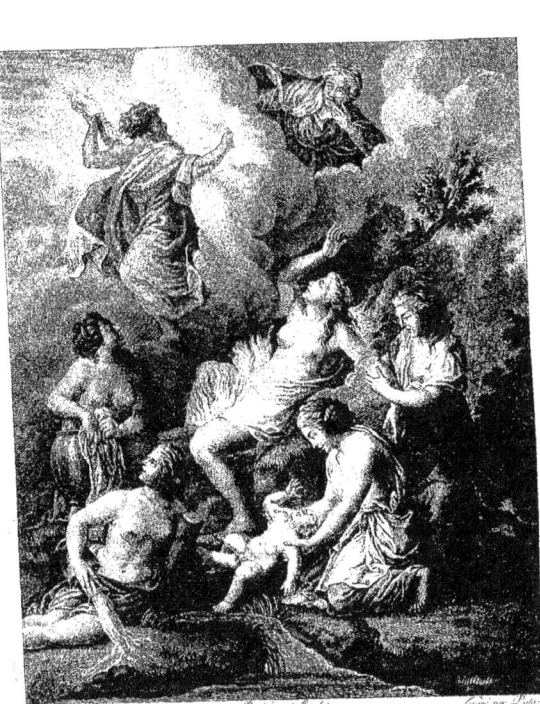

NAISSANCE DE BACCHUS.
De la Galerie du Palais Royal.

ÉCOLE ROMAINE.

III.ᵉ TABLEAU DE JULES ROMAIN.

Peint sur Bois, ayant de hauteur 3 Pieds 11 Pouces, sur 4 Pieds 8 Pouces de large.

Ce Tableau qui vient pendant du précédent est d'un effet plus brillant et d'un ton de Couleur moins noir. On ne remarque comme dans tous les Ouvrages de ce Maître une grande fécondité d'idées poétiques. Sémélé victime de son orgueil de la jalousie et des perfides conseils de Junon est dévorée par le feu du Tonnerre qu'il n'était pas donné à une mortelle d'approcher. Junon dans un Nuage qui la dérobe aux yeux de Jupiter s'applaudit et du supplice de sa rivale et de la douleur de son volage Époux qui dans ce moment remonte vers l'Olympe. Ino la tristesse peinte sur le visage soutient par le bras au dessus sa mourante et Bacchus échappé aux feux dévorants, soutenu par une autre sœur de Sémélé va être confié aux soins des Nymphes encore effrayées des effets de la présence et de la majesté du Maître des Dieux.

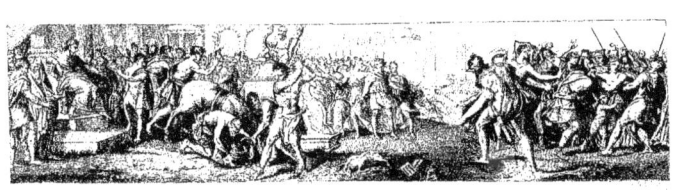

L'ENLÈVEMENT DES SABINES.

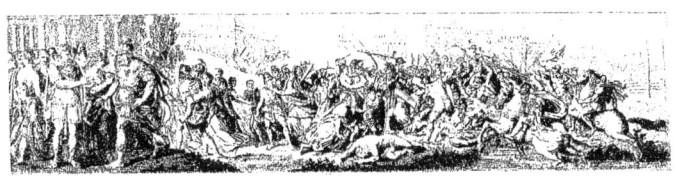

LA PAIX ENTRE LES ROMAINS ET LES SABINS.

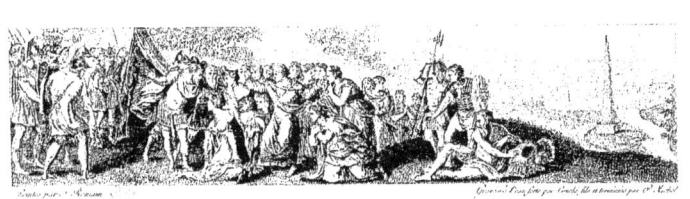

CORIOLAN.

De la Galerie du Palais d'Orléans.

ÉCOLE ROMAINE.

LES TROIS FRISES DE JULES ROMAIN.

Peintes sur bois, larges de 4 pieds 6 pouces, sur 1 pied 1 pouce de large.

Les sujets de ces trois Frises sont tirés de l'histoire Romaine. Dans la première l'artiste représente l'enlèvement des Sabines. Dans la seconde Frise les Sabines se jettant au milieu des Romains et des Sabins, parviennent à les raccommoder. Romulus et Tatius jurent la paix entre les deux peuples. La troisième Frise représente la mère et l'épouse de Coriolan, à genoux devant cet illustre proscrit, et obtenant de lui le salut de Rome. On aperçoit dans le fond les édifices de la ville assiégée.

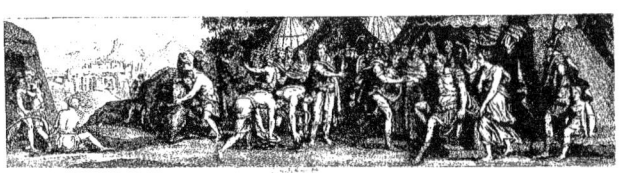

LA VERTU DE SCIPION.

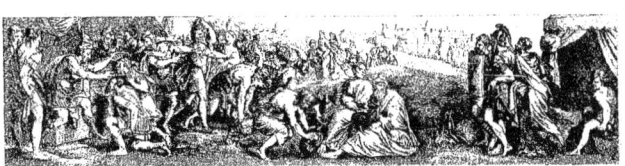

RÉCOMPENSES MILITAIRES DONNÉES PAR SCIPION.

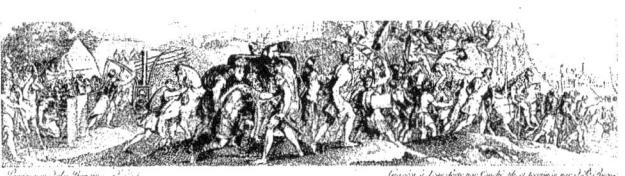

LE SIEGE DE CARTHAGENE.

De la Galerie du Palais d'Orléans.

ÉCOLE ROMAINE.

IV, V ET VI.ᵉˢ FRISES DE JULES ROMAIN.

Peintes sur bois, larges de 4 pieds 6 pouces sur 1 pied 1 pouce de haut.

La première de ces Frises représente Scipion rendant à un prince Espagnol l'épouse de ce dernier, sa prisonnière, dont il avait conservé l'honneur.

Dans la seconde Frise, Scipion distribue des Couronnes aux guerriers qui se sont distingués au Combat.

Le Siège de Carthagène est le sujet de la troisième Frise. Les soldats romains montent à l'assaut tandis que les assiégés se défendent avec vigueur. Parmi les moyens employés par les assaillans pour réduire la place, on remarque une machine propre à lancer des dards à une grande distance.

JUPITER ET SÉMÉLÉ.   JUPITER ET ALCMÈNE.

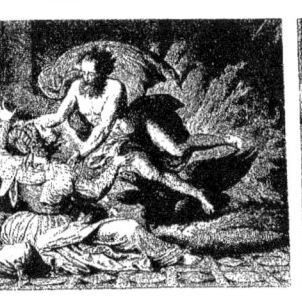
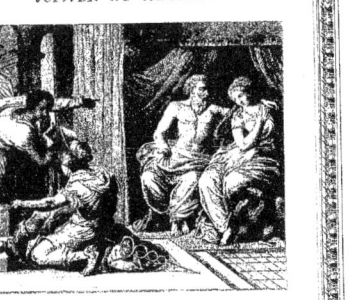

JUPITER ET IO.   JUPITER ET JUNON.   JUPITER ET DANAÉ.

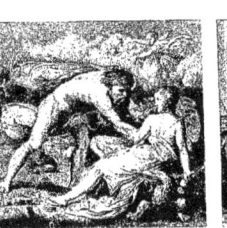
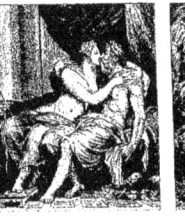
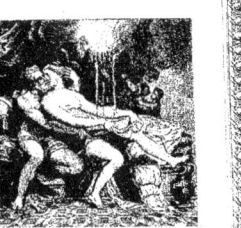

De la Galerie du Palais d'Orléans.

ÉCOLE ROMAINE.

CES CINQ CARTONS DE JULES ROMAIN

sont sur papier de différente grandeur, hauteur des N^{os} I et II 9 pieds : pouce 2 largeur 6 pieds 2 pouces ; les trois autres sont plus petits.

Être aimé de Jupiter n'était pour une belle un sort digne d'envie, car la puissance du Souverain maître des Dieux ne garantissait pas toujours celles qu'il honorait de ses amours d'un sort funeste et déplorable.

I. Sémélé devant la porte des Enfers, trompée par la perfide Junon. Elle se vit saisir de son amant qu'il parut devant elle dans toute sa majesté.

II. Alcmène sans le savoir, fut infidèle à son époux et Mercure, pour favoriser la supercherie de son père, empêche le jeune Iphis d'exécuter les ordres d'Amphitryon.

III. Pour éviter le ressentiment de Junon, Io est métamorphosée en vache. On la voit dans le lointain tracer avec le pied sa triste aventure à Inachus son père et essayer de s'en faire reconnaître.

IV. Junon est obligée d'emprunter la ceinture de Vénus pour obtenir de son époux quelques caresses qu'il prodiguait aux mortelles. Il a cru qu'elle n'en eut pas toujours besoin et que ce Dieu avant de l'épouser s'était métamorphosé en coucou pour la surprendre.

V. Danaé retenue dans une tour d'airain et devenue enceinte de Persée par l'influence de la pluie d'or, bientôt après est exposée sur la mer dans une méchante barque dont elle ne doit sortir qu'après avoir couru des dangers.

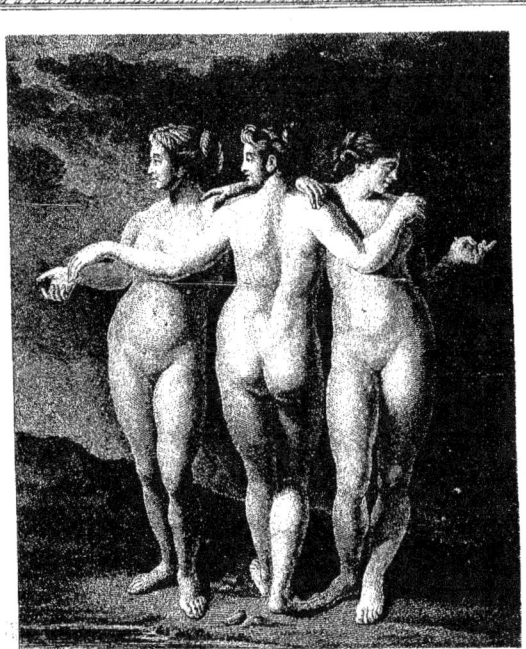

P. de Caravage pinxt.   LES TROIS GRACES.   Hubert Sculpt.

De la Galerie du Palais d'Orléans

ÉCOLE ROMAINE.

TABLEAU DE POLIDORO CALDARA

DIT POLIDORE DE CARAVAGE.

Peint sur bois, hauteur 1 pied 5 pouces, largeur 1 pied 3 pouces.

Les monumens antiques offrent différens groupes représentant les Grâces. Ces divinités sont reconnoissables aux emblèmes qui les distinguent et qui diffèrent selon l'emploi qu'elles remplissoient; la plus honorable de leurs fonctions étoit de présider aux bienfaits et à la reconnoissance.

En se rappelant la vie de Polidore dont la constante amitié pour Matturin est aussi célèbre que le sont ses ouvrages, l'on concevra facilement le plaisir qu'il eut à retracer cette allégorie des anciens, aussi expressives de ses sentimens. Il a peint les Grâces nues, debout, et se reposant l'une sur l'autre. Leurs mains sont également disposées à donner ou à recevoir; image simple et vraie d'une parfaite amitié.

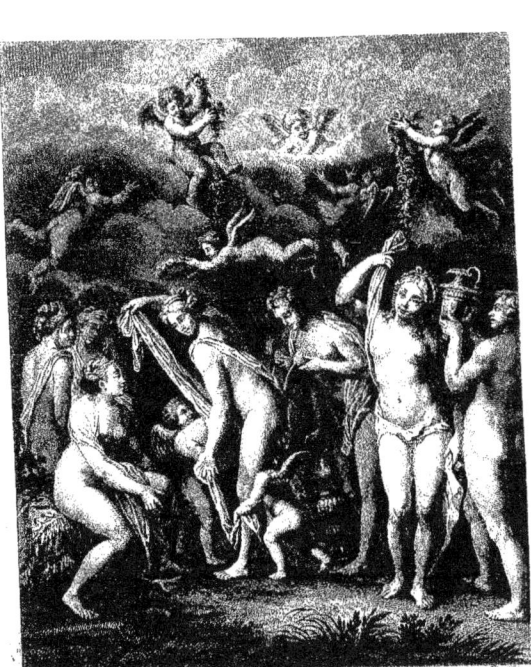

LES TROIS DÉESSES.

De la Galerie de S. A. S. Monseigneur Le Duc d'Orléans.

ÉCOLE ROMAINE.

TABLEAU DE PERRIN BUONACORSI,
SURNOMMÉ PERRIN DEL VAGA.

Peint sur Bois, ayant de hauteur 1 Pied 11 Pouces, sur 1 Pied 6 Pouces de large.

Monseigneur Le Duc d'Orléans, ne possède qu'un Tableau de ce Maître.

L'Artiste a voulu représenter les trois Déesses sortant du Bain avant le Jugement de Pâris, chacune est accompagnée de ses Suivantes, les d'unes répandent des fleurs sur elles, et Vénus est couronnée d'amour.

Ce Tableau d'un grand effet et d'un bon Style à passé dans l'opinion de plusieurs connoisseurs pour être de Jules Romain, mais il paroit constant par la pluralité des suffrages qu'il est de Perrin del Vaga dont la couleur tenoit beaucoup de celle de Raphael qui avoit été son premier Maître. Perrin del Vaga naquit en Toscane en 1500 et mourut en 1547 à Rome où il avoit passé la plus grande partie de sa vie, et où l'on voit ses principaux ouvrages.

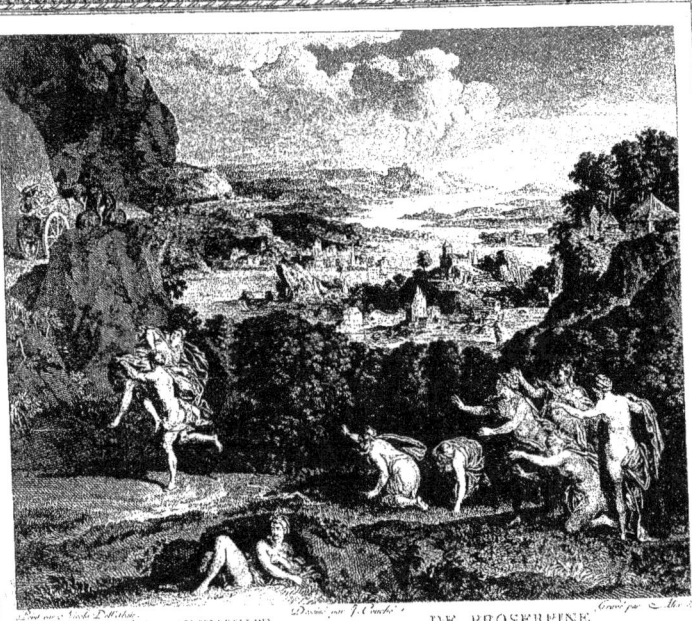

Peint par Nicolo Dell'Abate. Dessiné par J. Couché. Gravé par ...

L'ENLEVEMENT DE PROSERPINE.

De la Galerie du Palais Égalité.

ÉCOLE ROMAINE.

TABLEAU DE NICOLO DELL'ABATE.

Peint sur Toile, ayant de hauteur — Pieds, sur 6 Pieds 8 Pouces de large.

Il n'y a qu'un Tableau de ce Maître dans la Galerie de la Maison Égalité.

Les figures dans ce Tableau tiennent beaucoup de la manière de Parmesan, autant pour la Couleur que pour la Grace et la finesse de la Touche. Le Paysage est des plus agréable par l'étendue du point de vue, et la diversité des sites. L'artiste a parfaitement exprimé les passions qui agitent doucement les Compagnes de Proserpine, au moment où Pluton son ravisseur s'éloigne d'elles avec rapidité, et où elles perdent l'espoir de la revoir.

Nicolo Dell'Abate, naquit à Modène en 1512 et après a dessiné dans l'École des Bagnarelli. Le Primatice qui avait vu de ses Ouvrages à Bologne et à Modène, l'emena en France avec lui en 1552. Il as pris la manière de cet excellent Maître, ce qui peut lui avoir donné son surnom, parce que Le Primatice était Abbé. Maître Roux Intendant des Bâtiments de François 1er étant mort, Le Primatice eut sa place et s'attacha à embellir Fontainebleau. Il fit venir pour cela plusieurs Peintres, mais comme Nicolo les surpassait tous par son habileté et sa délicatesse, il le choisit pour peindre à fresque sur ses Dessins la Sale du Bal et la grande Galerie. Il a fait encore d'autres Peintures dans cette Maison. Il ne retourna point en Italie et mourut en France.

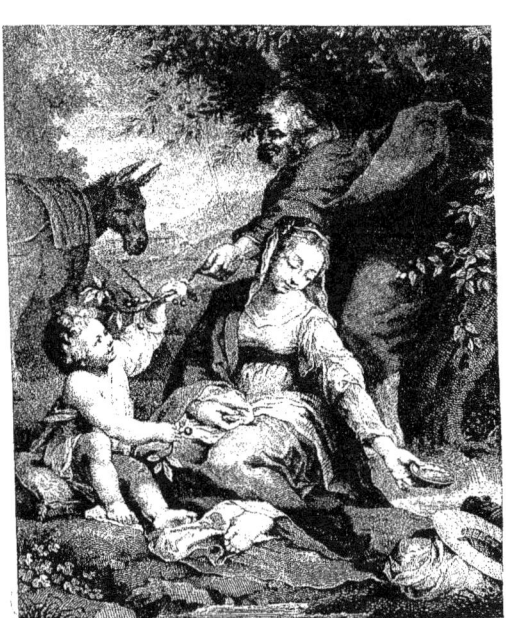

LE REPOS EN EGYPTE
De la Galerie de S.A.S. Monseigneur le Duc d'Orléans.

ÉCOLE ROMAINE.

TABLEAU DE FRÉDÉRIC BAROCHE,

Peint sur Toile, ayant de hauteur 4 Pieds 1 Pouce, sur 3 Pieds 4 Pouces de large.

On voit dans la Galerie de Monseigneur le Duc d'Orléans cinq Tableaux de ce Peintre.

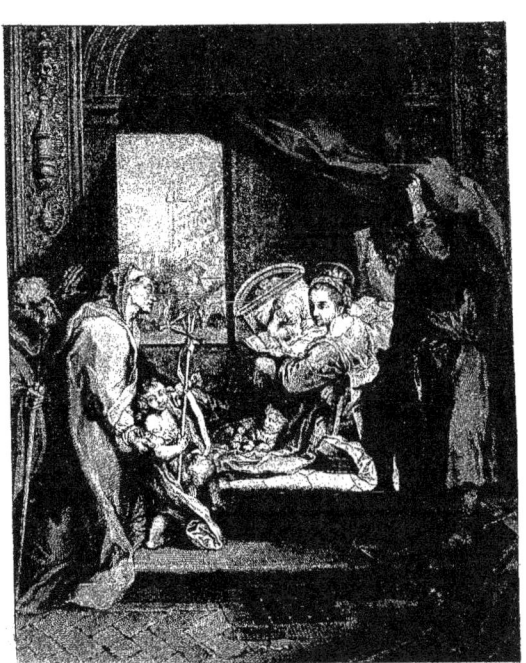

LA VIERGE AUX CHATS.
De la Galerie de S.A.S. Monseigneur Le Duc d'Orléans.

ÉCOLE ROMAINE.

IIE TABLEAU DE FRÉDÉRIC BAROCHE.

Peint sur Toile, ayant de hauteur 2 Pieds 7 Pouces, sur 1 Pied 10 Pouces de large.

Ce Tableau représente la demeure de la Ste Vierge; Ste Elisabeth et St Jean son fils viennent visiter la Ste Famille; et St Joseph quitte son ouvrage pour les introduire dans la Chambre; il souleve un grand Rideau qui en forme l'entrée, et on apperçoit la Ste Vierge assise occupée à bercer son fils qui dort, elle tient un Livre et se retourne du côté des Personnages qui arrivent.

Le Baroche s'est abandonné ici à toute l'impulsion de son Génie. Ses idées toujours grandes, riches, gracieuses et susceptibles de grands effets font oublier ce qu'elles ont de caprieuse et de singulier dans le choix des Épisodes. Il avoit deux... les Sujets de Dévotion, et ses têtes de Vierges, sur-tout, sont admirables.

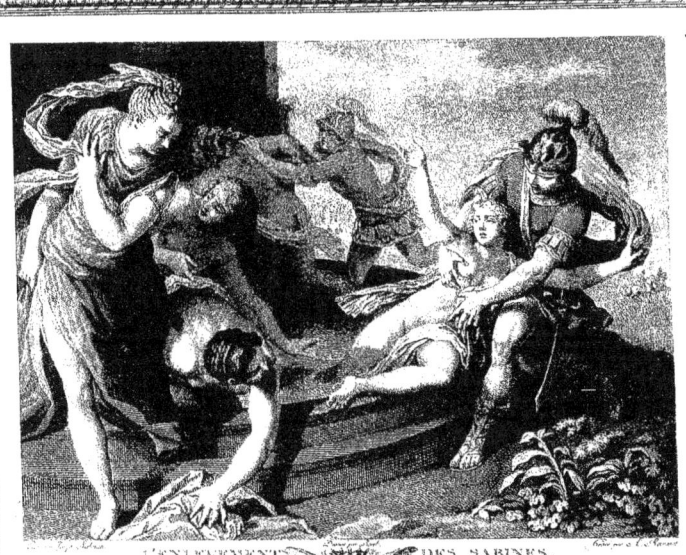

L'ENLEVEMENT DES SABINES.
De la Galerie de S.e A.S. Monseigneur le Duc d'Orléans.

ÉCOLE ROMAINE.

1.er TABLEAU DE JOSEPH PORTA,
SURNOMMÉ SALVIATI.

Peint sur Toile ayant de hauteur 5 Pieds, sur 6 Pieds de large.

Monseigneur le Duc d'Orléans ne possède que ce Tableau de ce Maître.

Il est difficile de dire ce que Salviati a voulu représenter dans le Tableau dont il est ici question. Il est connu dans le Catalogue des Tableaux du Palais Royal, sous le titre de l'Enlèvement des Sabines; mais on croirait plutôt que ce sont des femmes d'un rang distingué surprises dans le bain, et emmenées de force par des Soldats. Quoiqu'il en soit, on trouve dans ce Tableau de l'élégance et de la correction dans le dessin; le coloris est agréable; les carnations des Personnes de cet Artiste sont tendres, ses idées gracieuses, ses draperies larges et si légères que le nud paraît à travers. On lui reproche cependant d'être maniéré, et de rendre ses contours un peu secs.

Joseph Porta naquit à Castel Nuovo, en 1536. Le surnom de Salviati lui vint de ce qu'il avait été disciple du Peintre de ce nom, qui fut élève d'André Del-Sarte, et qui parvint bientôt, par son application continuelle à la Peinture, à surpasser tous ses camarades, et il fut reconnu pour le plus habile. On l'annonça en cette qualité au Cardinal Salviati, qui avait demandé un jeune Peintre, auquel il voulait donner tous les secours nécessaires pour se perfectionner. Le jeune homme s'étant rendu à Rome, ne vit point ses espérances trompées; il eut le bonheur de plaire au Cardinal qui le combla de ses bontés.

Quant à Joseph Salviati, après avoir été longtemps occupé par le Pape et le Sénat de Venise, il mourut dans cette dernière Ville, en 1585, âgé de 50 ans.

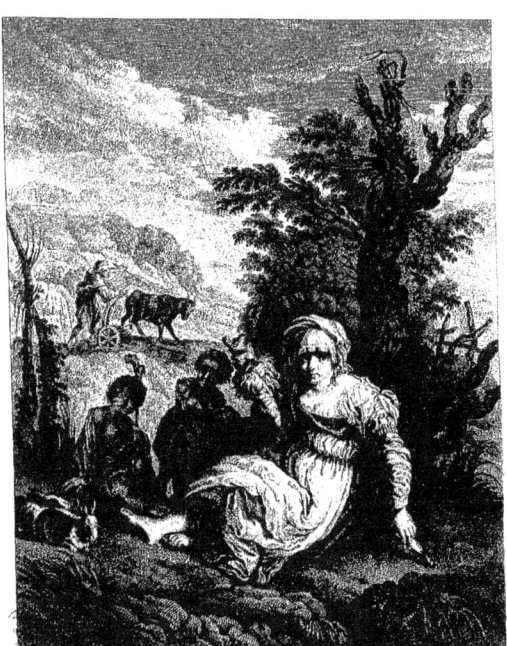

Peint par Dominique Feti.   Dessiné par Aubé.   Gravé par Cloze.

LA FILEUSE.

De la Gallerie de S. A. S. Monseigneur le Duc d'Orléans.

ÉCOLE ROMAINE.

TABLEAU DE DOMINIQUE FETI.

Peint sur Bois ayant de hauteur 2 Pieds 7 Pouces, sur 2 Pieds 1 Pouce de large.

Monseigneur le Duc d'Orléans ne possède que ce seul Tableau de Feti.

Ce Tableau est très-estimé par les connoisseurs, on ne peut en effet rien voir de plus piquant pour l'effet, la fierté de la touche et la belle couleur. Il faut que ce Tableau ait joui d'une grande réputation même du vivant du Feti, puis qu'on connoît trois Tableaux semblables dans les quels le Peintre s'est contenté de faire quelques changemens, ils sont tous trois Originaux.

Dominique Feti naquit à Rome en 1589. Il fut élève de Civoli, et se rendit à Mantoue où il fut employé par le Duc de ce nom, à l'embellissement de son Palais. Il alla ensuite à Venise où il mourut de débauche en 1624, âgé de 35 Ans.

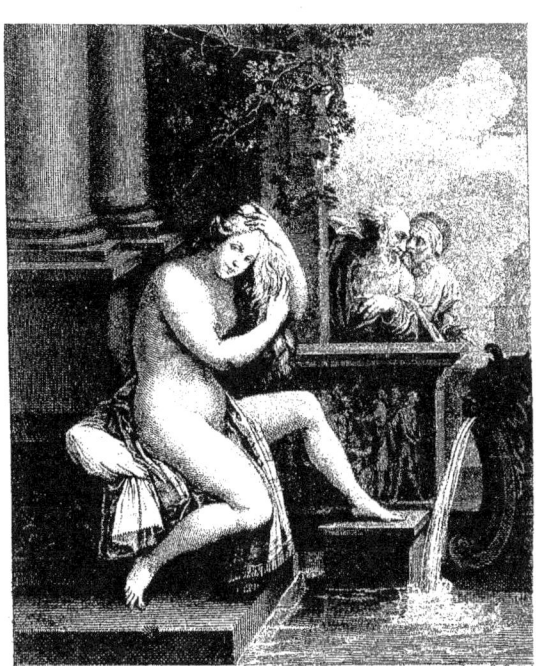

SUSANNE AU BAIN
De la Galerie de S.e A.S. Monseigneur Le Duc d'Orléans.

ÉCOLE ROMAINE.

TABLEAU DE JOSEPH CESARI,
DIT LE JOSEPIN.

Peint sur Cuivre, ayant de hauteur 1 Pied 7 Pouces, sur 1 Pied 3 Pouces de large.
Monseigneur Le Duc d'Orléans ne possede que ce Tableau de ce Maitre.

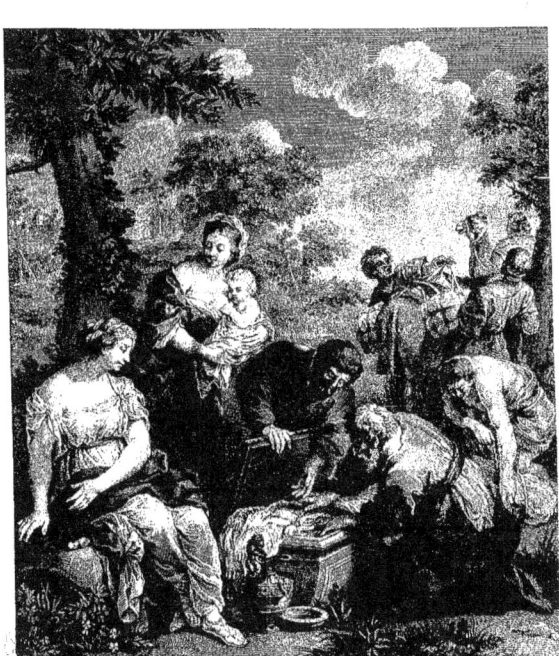

LA FUITE DE JACOB
De la Galerie de S. A. S. Monseigneur le Duc d'Orléans.

ECOLE ROMAINE.

TABLEAU DE PIETRE DE CORTONE.
Peint sur Toile ayant de hauteur 6 Pieds sur 5 Pieds 3 Pouces de large.

Monseigneur le Duc d'Orléans possède deux Tableaux de ce Peintre.

Après le départ de Jacob de la Mésopotamie, Laban, son beau-père, s'apercevant qu'il lui avait dérobé ses Dieux, suit les traces de son gendre, l'atteint et lui fait des reproches de son infidélité. Jacob se justifie, et Laban cherche vainement ses Idoles, au-dessus desquelles Rachel s'était assise pour les cacher. Elle avait le prétexte qu'elle prit pour ne pas se lever devant son père.

Afin de donner carrière à son vaste génie, et réunir toutes les circonstances de son sujet, Pierre de Cortone a placé son sujet dans un riant Paysage. Ce Tableau est regardé par les connaisseurs comme un des plus beaux de ce Peintre. On y reconnaît la noblesse, la grâce, la facilité du pinceau et cet agrément dans les couleurs tendres, que les Italiens appellent Vaghezza, et qui caractérisent les Ouvrages de ce célèbre Artiste.

Pierre Berretin, surnommé Pierre ou Pietro de Cortone, à cause qu'il prit naissance dans cette Ville en 1596, mourut à Rome en 1669.

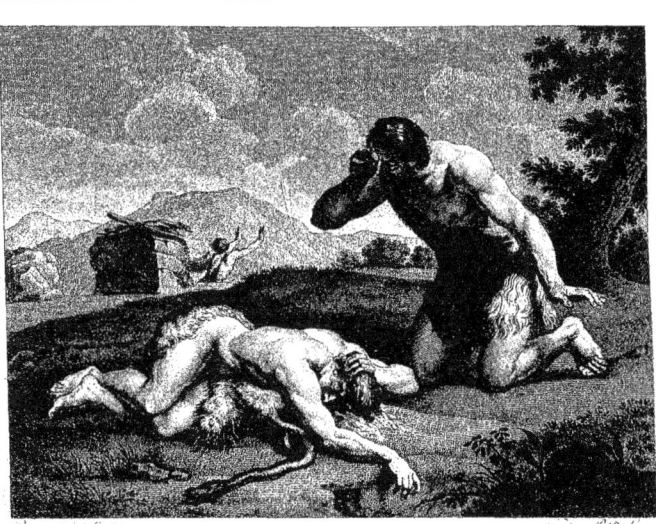

ADAM ET ABEL.
De la Galerie du Palais d'Orléans.
ÉCOLE ROMAINE.

1.er TABLEAU D'ANDRÉA SACCHI.
Peint sur Toile, ayant de hauteur 3 Pieds 1 Pouce, sur 4 Pieds 2 Pouces de large.

Deux Tableaux de ce Maître font partie de cette Collection.

Andréa Sacchi né à Rome en 1600, fut Élève de François Albane qui s'adonna entièrement à l'étude du Dessin où il regardait comme le fondement de son Art, et s'acquit en peu de tems une grande réputation.

Le Tableau de Docteur de la Providence Divine qu'Andréa Sacchi peignit dans une des Salles du Palais du Cardinal Barberini, neveu du Pape Urbain VIII, est regardé comme un de ses plus beaux ouvrages. Pietro Bellori et Jean Baptiste Passari, Peintres Romains, qui ont écrit la Vie de ce Peintre, font un grand Éloge et une ample description de ce Plafond, et trouvent qu'Andréa Sacchi aurait surpassé tous les plus grands Peintres, s'il eut continué à produire de semblables ouvrages, et s'il ne se fut pas laissé aller à une espèce de paresse ou de timidité qu'il concevait du préjugé qu'il avait une si haute idée de la Peinture, qu'il craignait de ne pouvoir se satisfaire jamais, s'il tentait une fois d'accroître au Degré de perfection qu'il imaginait.

Et ces raisons qu'Andréa Sacchi alléguait pour excuser sa lenteur, il en peignait une autre qui était que trop habiles, les estimables de la partie à laquelle il devait agir les dix dernières années de sa vie, l'empêchaient aucun de les voir, et elles ont été cause qu'il n'a pas su à exécuter les Dessins et les Cartons qu'il avait faits pour peindre la Tribune de l'Église de St Louise les Peintes, laissées toutes aux Espagnol à Carlo Maratte, croyant que le Cardinal Antoine Barberini les ayant eus, dirait les Élèves de terminer l'ouvrage que son Maître avait commencé. Andréa Sacchi est mort en 1661 âgé de 61 ans.

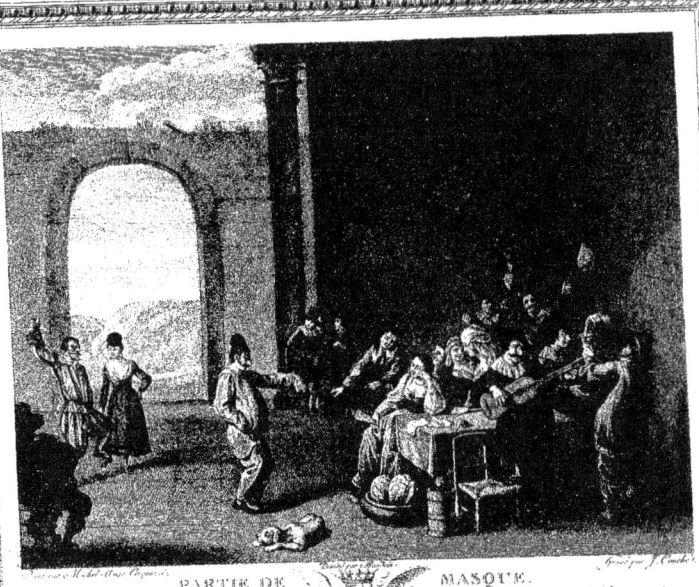

PARTIE DE MASQUE.
De la Galerie du Palais Royal.

ÉCOLE ROMAINE.

TABLEAU DE MICHEL-ANGE CERQUOZZI,
DIT MICHEL-ANGE DES BATAILLES.

Peint sur Toile, ayant de hauteur 1 Pied 6 Pouces, sur 2 Pieds 2 Pouces de large.

Il n'y a qu'un Tableau de ce Maître au Palais Royal.

On remarque dans ce Tableau un ton de Couleur chaud et vigoureux, une touche fière ou Pinceau moelleux et un effet piquant, il représente plusieurs personnages qui se préparent pour le Bal, les uns sont masqués et répètent différentes danses, les autres accordent leurs Instruments.

Michel-Ange Cerquozzi, naquit à Rome, en 1602, de Marcello Cerquozzi, Joaillier, on lui donna le sur-nom de Michel-Ange des Batailles, pour avoir égalé dans ce Genre son Maître Vincent appellé Le Mozzo d'Anvers. Il excelloit aussi à peindre des fruits, des Marchés, des Pastorales, des Foires et des Animaux.

Son Caractere enjoué et facétieux joint à la grande réputation dont il jouissoit, attiroit dans son Attelier les Amateurs les plus distingués de Rome. Il amassa des biens considérables et mourut dans cette dernière ville en 1660 âgé de 58 Ans.

Les Ouvrages de cet Artiste sont disposés dans les plus beaux Cabinets de l'Europe.

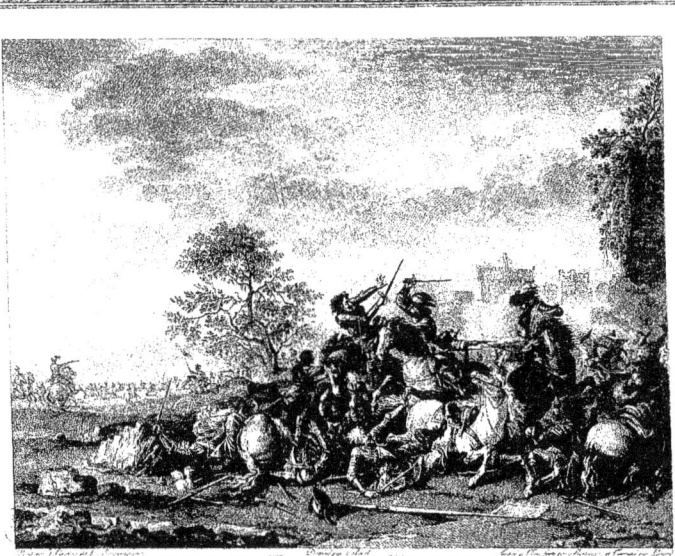

CHOC DE CAVALERIE.
De la Galerie de S. A. S. Monseigneur le Duc d'Orléans.

ÉCOLE ROMAINE.

TABLEAU DE JACQUES COURTOIS
DIT LE BOURGUIGNON.

Peint sur Cuivre, ayant de hauteur 3 Pieds 3 Pouces, sur 4 Pieds 9 Pouces de large.

Monseigneur Le Duc d'Orléans ne possède que ce seul Tableau de ce Maître.

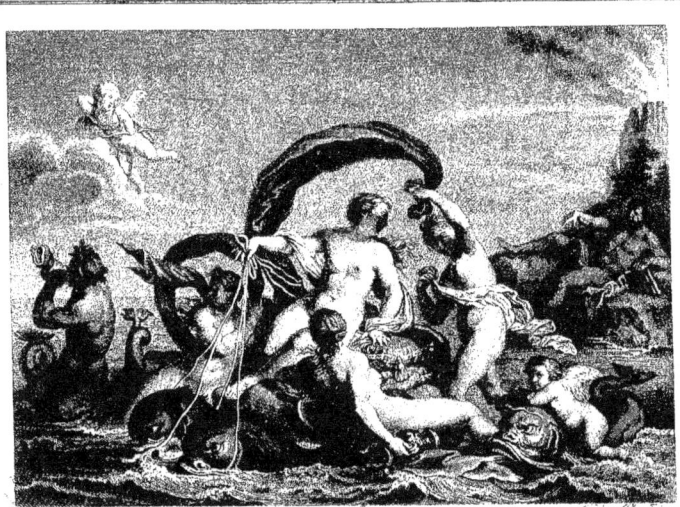

TRIOMPHE DE GALATHÉE.
De la Galerie de S. A. S. Monseigneur le Duc d'Orléans.

ÉCOLE ROMAINE.

TABLEAU DE CARLO MARATTI.

Peint sur Toile, ayant de hauteur 1 Pied 3 Pouces, sur 2 Pieds 1 Pouce de large.

Monseigneur le Duc d'Orléans possede deux Tableaux de ce Maître.

La fille de Nérée assise sur une Coquille traînée par deux Dauphins, se promène sur les Eaux accompagnée de plusieurs Néréides qui tiennent autour d'elle une Draperie volante, un Triton la précède, et des Enfants l'accompagnent, Polyphème est sur un Rocher appuyé sur sa flûte à plusieurs tuyaux.

Ce Tableau est d'une composition ingénieuse et d'une belle couleur.

Carlo Maratti né en 1625 à Camerano dans la Marche d'Ancone, annonça dès sa plus tendre jeunesse un penchant décidé pour la Peinture. Envoyé à Rome à onze ans, il étudia sous Andréa Sacchi où il fit des progrès si rapides que son Maître prédit qu'il le surpasserait.

Le jeune Carlo se forma une belle manière d'après les ouvrages de Raphaël, ceux des Carraches et du Guide. Il a parfaitement traité l'histoire et l'allégorie. Ses idées heureuses et nobles, ses expressions délicates et son grand goût de Dessin valurent à ses ouvrages cette haute réputation qui le firent rechercher par plusieurs Princes de l'Europe.

Le Pape Clement XI fit Carlo Maratti Chevalier de Christ et lui accorda une pension, et Louis XIV le nomma son premier Peintre. Ses Élèves les plus connus sont Chiari, Bertoni et Passari. Ses principaux ouvrages sont à Rome où il mourut comblé d'honneurs en 1713, âgé de 88 Ans et 7 Mois.

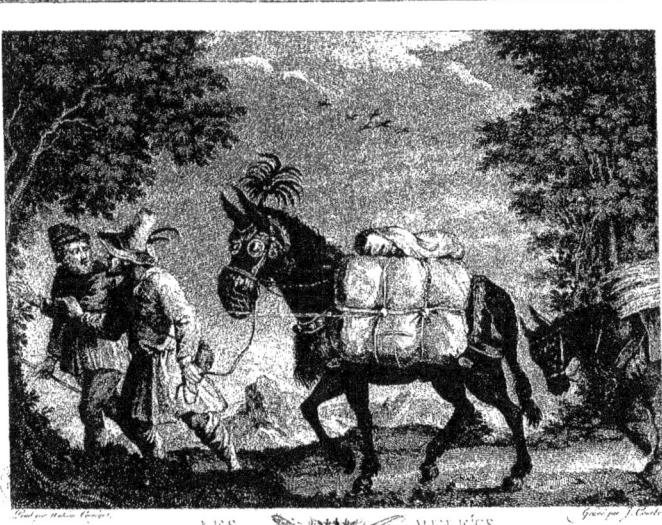

LES MULETS.
De la Galerie du Palais Royal.

ÉCOLE DE LOMBARDIE.

TABLEAU D'ANTOINE CORREGE.

Peint sur Toile, ayant de hauteur 2 Pieds 1 Pouce, sur 2 Pieds 10 Pouces de large.

On voit huit Tableaux de ce Maître au Palais Royal.

Celui-ci n'est qu'une foible Esquisse du Corrège, qu'il a faite que pour servir d'Enseigne de Cabaret, on y reconnoit cependant le Coloris et la Touche hardie d'un habile artiste. Cette Esquisse estimée par la réputation du Maître a fait partie de la fameuse Collection de la Reine de Suède d'où elle est passée dans celle du Palais Royal. Antoine Allegri fut surnommé Corregio du nom de la Ville où il naquit en 1472 dans le Modenois. Il ne dut son mérite qu'à son génie et à son goût infatigable pour le travail, sans Maître il ne prit des leçons que de la Nature et les Graces guidèrent son Pinceau. Un grand goût de Dessein un Coloris enchanteur et des agrémens infinis répandus dans tous ses Ouvrages lui ont acquis une célébrité à l'abri des traits de l'envie et de la critique.

La Renommée de Raphael donna envie au Corrège de voir Rome, après avoir considéré dans un profond silence un Tableau de ce grand Peintre il s'écria Anch'io son pittore, encore suis-je Peintre. Cependant tous les beaux Ouvrages qu'il avoit faits jusques là n'avoient pû le tirer de l'extrême misère où il se trouvoit, parce que le poids de sa famille étoit grand, et la récompense de ses travaux petite.

Étant un jour allé à Parme recevoir un paiement de deux cent livres, on le lui fit tout en monnoie de Cuivre. La joie qu'il avoit de porter cet Argent à sa femme l'empêcha de faire attention au poids dont il se chargeoit dans un tems de chaleurs. De sorte que s'étant trop échauffé, il gagna une Pleurésie dont il mourut en 1513.

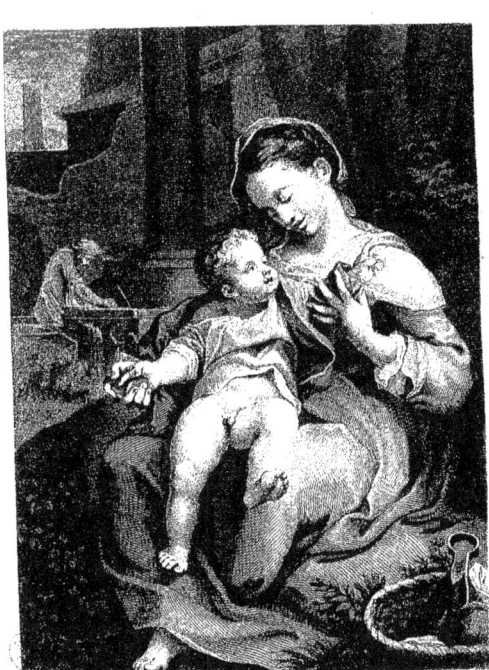

LA VIERGE AU PANIER.
De la Galerie de S.A.S. Monseigneur le Duc d'Orléans

ÉCOLE DE LOMBARDIE.

II.ᵉ TABLEAU D'ANTOINE CORRÈGE,

Peint sur Bois, ayant de hauteur 1 Pied, sur 10 Pouces de large.

Ce Tableau, dans le Catalogue de la Galerie du Palais Royal, est attribué à Corrège; quelques personnes peut-être sans fondement, l'attribuent à Schidone. On l'appelle La Vierge au Panier, à cause d'un Panier de Jonc qui est au bas. On sait qu'il est assez ordinaire de donner aux Tableaux des dénominations tirées des choses particulières qu'ils représentent : Ainsi une S.ᵗᵉ famille de Raphaël, dans laquelle il a représenté deux Poissons, est appellée La Vierge aux Poissons, &c. Un Coloris clair, moelleux et délicat se fait admirer dans ce Tableau; mais ce qui frappe le plus, c'est cette grace que le Corrège possedoit au plus haut degré, et qui le met au dessus de tous les Peintres. Cet Ouvrage est de la plus belle conservation.

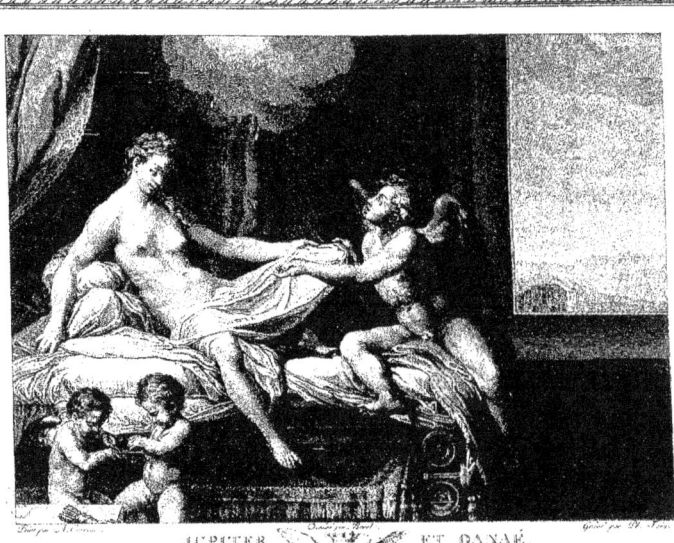

JUPITER ET DANAÉ.

De la Galerie de S. A. S. Monseigneur Le Duc d'Orléans.

ÉCOLE DE LOMBARDIE.

IIIe TABLEAU D'ANTOINE CORRÈGE.

Peint sur Toile, ayant de hauteur 4 Pieds 10 Pouces, sur 3 Pieds 10 Pouces de large.

Danaé enfermée par ordre d'Acrisius son Père, Roi d'Argos, dans une Tour d'airain, paroît assise sur un Lit dont un Amour adolescent soulève le drap qu'elle retient foiblement. Jupiter devenu amoureux de Danaé descend dans la Prison enveloppé d'un Nuage d'or, d'où tombent des pièces d'Or en forme de pluie. Deux petits Cupidons tiennent une Pierre de Touche sur laquelle l'un éprouve une des pièces d'Or, et l'autre une Flèche qu'il faut supposer de ce même Métal.

Ce Sujet libidieux et sur le quel se sont exercés les Pinceaux des plus grands Maîtres est composé de la manière la plus ingénieuse et la plus intéressante. On y trouve réunis la délicatesse du Pinceau et la beauté du Coloris aux grâces sublimes de l'expression que les Curieux et les Connoisseurs ne retrouvent nul part que dans les Ouvrages du Corrège.

La belle conservation de ce Tableau le rend l'un des plus précieux de la magnifique Collection dont il fait partie.

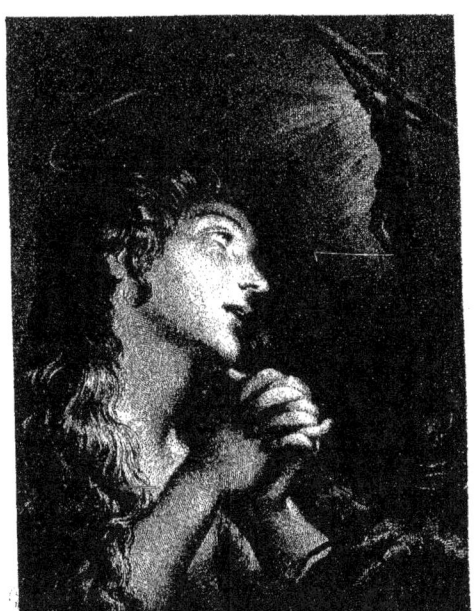

Peint par A. Corrège.   Dessiné et Gravé par Guérin.

LA MADELEINE.

De la Galerie du Palais Royal.

ECOLE DE LOMBARDIE.

IV.ᵉ TABLEAU D'ANTOINE CORREGE.

Peint sur Toile, ayant de hauteur 2 Pied 6 Pouces, sur 1 Pied 2 Pouces de large.

La Madeleine en contemplation devant un Crucifix et les mains jointes paroît pénétrée d'une sainte douleur. Cette Tête est d'un beau Caractère de Dessin et d'une forte Expression; une Touche large, moelleuse et facile, et un beau Ton de couleur font reconnoître la main du grand Maître, auquel ce Tableau est attribué. L'on y remarque aussi une belle intelligence dans l'effet et dans l'harmonie dont le concours indique le calme et le silence d'une solitude obscure. La Tête ne paroît recevoir de Lumière que des Rayons qui partent du Crucifix dont il résulte un effet très piquant. Ce Tableau est d'une assez belle conservation.

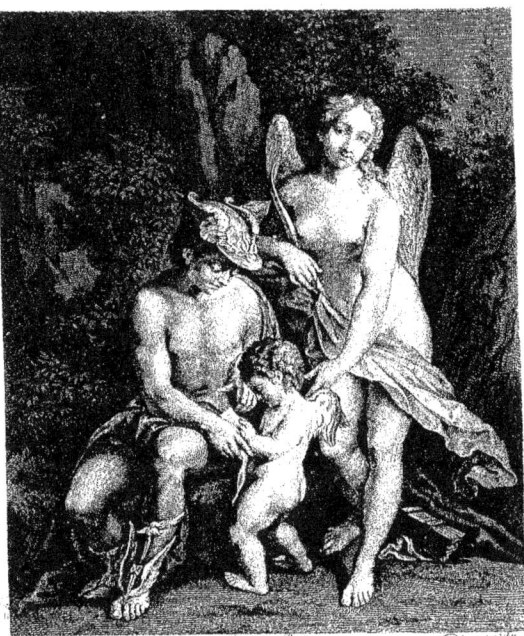

EDUCATION DE L'AMOUR.

De la Galerie du Palais Egalité.

ÉCOLE DE LOMBARDIE.

V.ᵉ TABLEAU D'ANTOINE CORRÈGE.

Peint sur Toile, ayant de hauteur 4 Pieds 9 Pouces, sur 3 Pieds 4 Pouces de large.

Ce Sujet représente Mercure enseignant à lire à l'Amour, une femme ailée est debout appuyée sur l'angle d'un Rocher et tenant un Arc. L'on croit devoir la considérer ici comme le Génie de la Beauté qui préside aux leçons de leur Esprit et qui semble indiquer la part qu'il prend à son Education.

Quelqu'ait été l'intention du Corrège, ce Tableau offre un ensemble bien intéressant, l'on n'y retrouve pas cependant comme dans les autres Ouvrages de ce grand Maître, les erreurs du Style réunies aux autres parties de l'Art; mais de belles Carnations, une Touche moelleuse, un Effet harmonieux et piquant le font regarder comme une de ses bonnes productions.

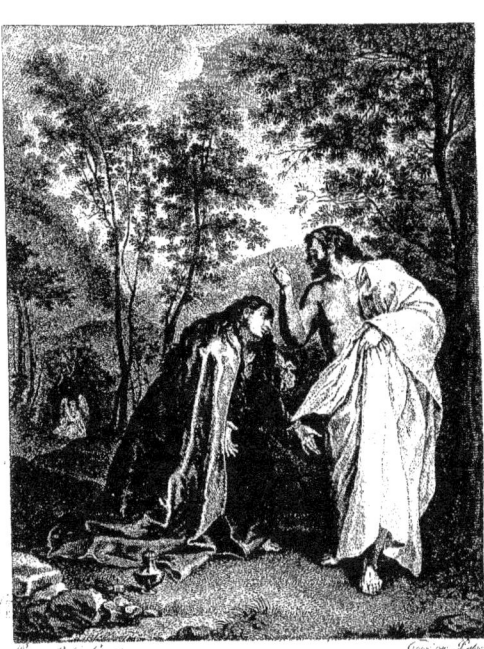

NOLI ME TANGERE.

De la Galerie du Palais d'Orléans
ÉCOLE DE LOMBARDIE.

VIme TABLEAU D'ANTOINE CORRÈGE.

Peint sur Toile, ayant de hauteur 3 Pieds 8 Pouces, sur 2 Pieds 11 Pouces de largeur.

Ce Tableau, admirable pour l'effet, le coloris et l'expression, représente la Madeleine au moment où elle se prosterne aux pieds de Jésus Christ. L'attitude touchante de cette Sainte pénitente exprime bien vivement le ravissement dans lequel elle est saisie en voyant son divin Maître; elle veut le toucher, mais Jésus lui dit: ne me touchez point, car je ne suis pas encore monté vers mon Père, c'est à dire : ne me retenez pas, j'ai encore 40 jours à demeurer avec vous, vous aurez le tems de me voir.

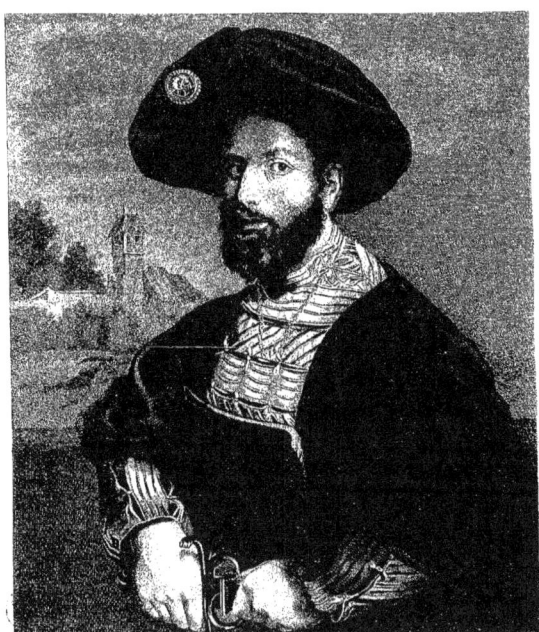

LE DUC VALENTIN.
De la Galerie du Palais d'Orléans.

ECOLE DE LOMBARDIE.

VII.ᵉ TABLEAU D'ANTOINE CORRÈGE.

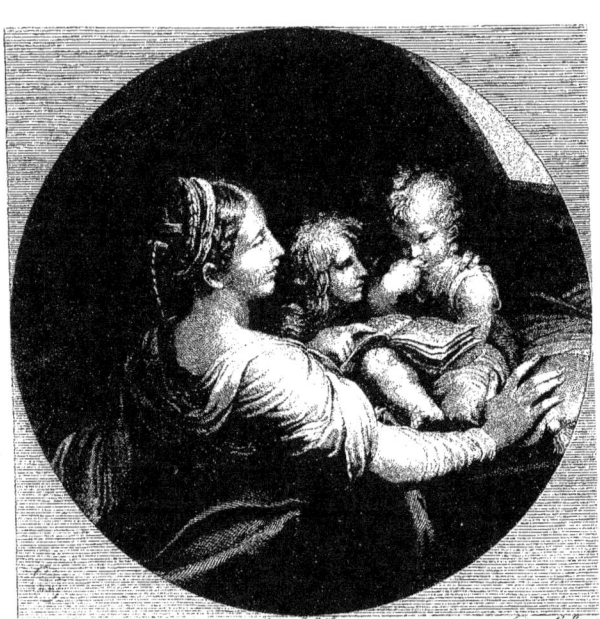

ÉDUCATION DE L'ENFANT JÉSUS.
De la Galerie de S. A. S. Monseigneur le Duc d'Orléans.

ÉCOLE DE LOMBARDIE.

1.er TABLEAU DE FRANÇOIS MAZZOLA,
DIT LE PARMESAN.

Rond peint sur Bois, ayant 2 Pieds 5 Pouces de diamétre.

Monseigneur le Duc d'Orléans possède cinq Tableaux de ce Maître.

Le Sujet de ce Tableau est charmant et de la plus heureuse invention. L'Enfant Jésus est assis sur un coussin, d'une main il soutient un livre s'autre porté sur sa bouche, indique une inclinaison à sommeiller en lettres. Un Ange placé près de lui, semble lui faire repeter ce but indique du doigt le mot qu'il cherche. La S.te Vierge est représentée debout et vue de profil, une air de tête auguste, beaux cheveux exprime parfaitement l'attention pleine de douceur et de tendresse qu'elle porte à cette leçon.
Ce tableau est du plus bel effet, d'une touche large et facile, et d'une heureuse couleur ; il est d'ailleurs plus précieux que le Parmesan s'y montre dans sa plus belle manière, et que d'ailleurs ces ouvrages sont peu communs en France.

L'esprit, la légereté de la touche, l'élégance et les graces furent le partage du Parmesan. Il est vrai que, pour rendre ses figures plus nobles, il a souvent outrepassé les proportions ordinaires de la nature, et qu'il a souvent approché de l'affectation, où sont tombés ceux qui se sont arrêtés de l'imiter.

François Mazzola, dit Le Parmesan, prit ce surnom de la Ville de Parme où il naquit le 11 Janvier 1503, et où il mourut en 1540, âgé de 37 ans. Les Italiens le regardent comme l'inventeur de la Gravure à l'eau forte ainsi d'autres soutiennent avec plus de vrai-semblance que Albert Durer, Peintre Allemand, était aussi avant lui de l'eau-forte pour inventer des essais trouvés sur des planches de cuivre gravés, ce qui lui avait réussi.

Nous avons en vain cherché dans les traités qui nous ont servi les Tableaux du Parmesan, de donner quelques anecdotes de sa vie, d'une précision particulière et dans celle de cet artiste, célèbre décrit ne nous par le P. Offci. Bibliothec. du Duc de Parme, s'en est établi sous Mazola, ou Mazzoli, même sur le corps ici jusqu'à présent.

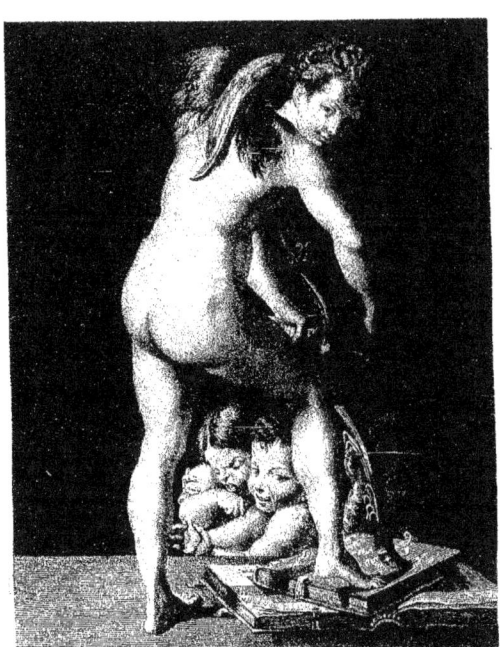

L'AMOUR TAILLANT SON ARC.

De la Galerie de S.A.S. Monseigneur le Duc d'Orléans.

ÉCOLE DE LOMBARDIE.

II.ᵉ TABLEAU DE FRANÇOIS MAZZOLA,

DIT LE PARMESAN.

Peint sur Cuivre, ayant de hauteur 4 Pieds 3 Pouces, sur 2 Pieds 4 Pouces de large.

Les vrais connoisseurs seront charmés de voir restituer à son véritable auteur ce Tableau qui passe depuis long-tems dans l'opinion publique, pour être du Corrège. Pour ce qui a donné lieu à cette méprise, Jean Vander Steen, Peintre et Graveur d'Anvers, grava ce sujet vers le milieu du dernier siècle, et l'attribua au Corrège; son estampe est devenue très rare, mais l'erreur s'est perpétuée. Les vrais amateurs en examinant notre Tableau, verront aisément qu'il est de Mazzola.
Ce Tableau est inimitable dans toutes ses parties. Les deux Enfans qui sont dans le second plan, sont d'une invention très Poétique; le plus espiègle contraint l'autre de toucher l'Amour, ce qu'il refuse de faire, de crainte d'être brûlé à sa flamme.

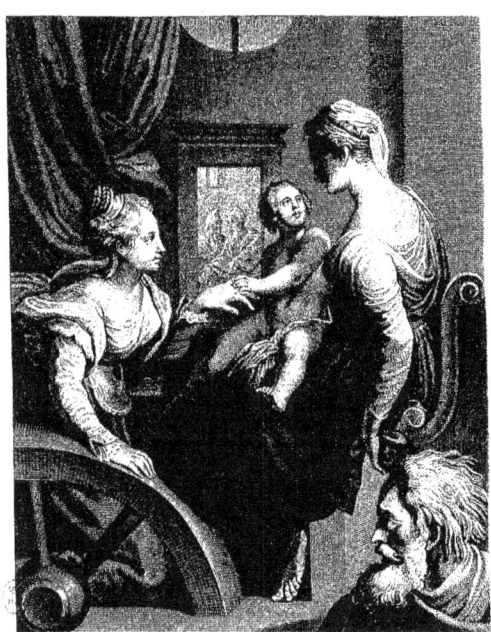

Peint par F. Mazola.   *Gravé par Ch. Tran.*

LE SPOSALICE.
De la Galerie du Palais d'Orléans.
ÉCOLE DE LOMBARDIE.

III.ᵐᵉ TABLEAU DE FRANÇOIS MAZZOLA,
DIT LE PARMESAN.

Peint sur Cuivre, ayant de hauteur 9 Pouces 6 Lignes, sur 6 Pouces 6 Lignes de large.

Sainte Catherine à genoux, une main appuyée sur la roue, son attribut ordinaire, reçoit un anneau de l'Enfant Jésus, qui le lui met au doigt en signe d'épousailles.

Ce Tableau est d'une Composition tout à fait aimable; on y remarque particulièrement la Touche délicate, la fraîcheur du Coloris, l'élégance et la grace qui caractérisent les Ouvrages du Parmesan.

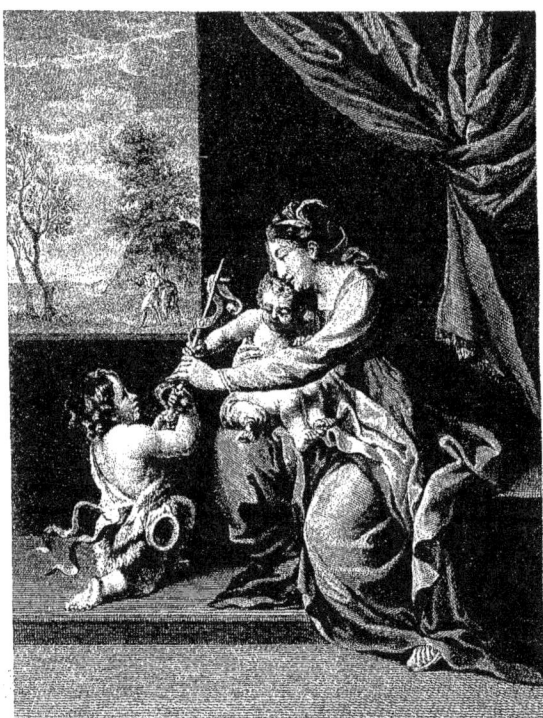

LA SAINTE FAMILLE.
De la Galerie du Palais d'Orléans.
ÉCOLE DE LOMBARDIE

IV.ᵉ TABLEAU DE FRANÇOIS MAZZOLA
DIT LE PARMESAN
Peint sur toile hauteur 11 pouces 6 lignes, sur 8 pouces 6 lignes de largeur.

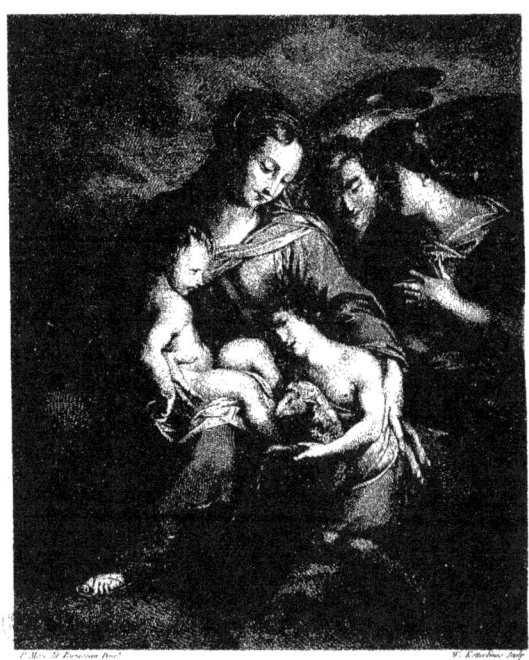

OFFRANDE A L'ENFANT JESUS.

De la Galerie du Palais d'Orléans.

ÉCOLE DE LOMBARDIE.

Vme TABLEAU DE MAZZOLA
DIT PARMESAN.

La scène se passe sur les nuages. L'Enfant Jésus assis sur les genoux de sa mère, adoré par les anges, accueille avec bienveillance l'offrande d'un agneau que lui fait le jeune St. Jean, allégorie qui retrace les circonstances de son baptême sur les rives du Jourdain. Cette composition paroit des expressions de la dévotion de quelque particulier. Elles furent l'occasion de remarquer qu'on avoit recours à tous les peintres de réputation Italiens et les Grecs, pour se faire peindre des personages religieux qui devenaient ainsi retraces sur la toile tous séreux, ou la réunion de saints qu'ils honoraient le plus particulièrement. Ils voulaient il ne saurait en se voilant ces tableaux se rappeler l'époque, le pays et les personnes pour qui ils ont été peints, que les regarder avec cet esprit d'indulgence qui nous fait trouver ridicule tout ce qui n'est pas conforme à notre manière d'agir et de penser.

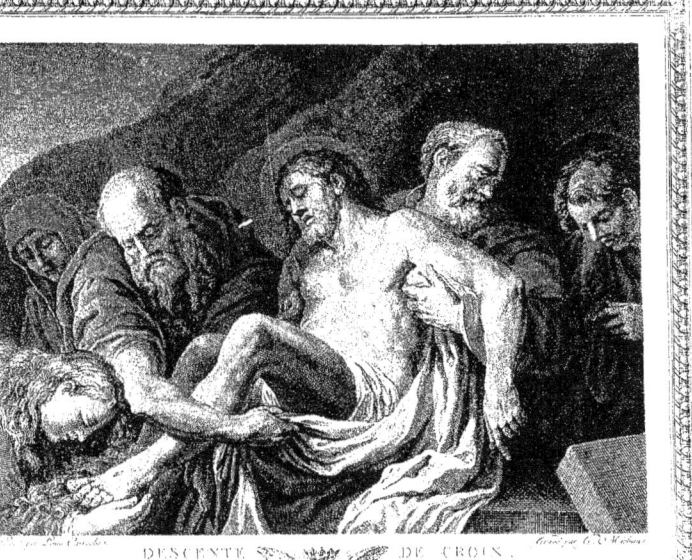

DESCENTE DE CROIX.
De la Galerie du Palais Royal.

ÉCOLE DE LOMBARDIE.

1.ᵉʳ TABLEAU DE LOUIS CARRACHE.

Peint sur Toile, ayant de hauteur 3 Pieds 10 Pouces, sur 3 Pieds 3 Pouces de large.

Six Tableaux de Louis Carrache enrichissent cette Collection.

L'Ordonnance de ce Tableau est du plus grand Stile et d'un Dessin savamment prononcé. Il représente J. C. descendu de la Croix que l'on porte au Tombeau. La Madeleine arrose de ses larmes les pieds du Sauveur et les autres personnages ont aussi l'expression de la plus vive douleur. Toutes les autres parties de ce Tableau annoncent l'étude la plus approfondie de la Nature et des principes de l'Art qui distinguent l'École des Carraches. La couleur, le Moëlleux du Pinceau et le bel Art qui en résulte, font regarder ce morceau comme une des belles productions de ce Maître.

Louis Carrache, né à Bologne en 1555, étudia dans l'École de Prosper Fontaine, mais ce Maître ne jugeant pas favorablement de son Élève par ses premiers essais lui conseilla de ne pas poursuivre, le jeune Carrache le quitta, mais destiné à surpasser tous les Peintres de son tems il lutta contre toutes les difficultés et ne voulut plus avoir d'autres Maîtres que les chefs d'Œuvres des plus grands Peintres. Il parcourut l'Italie, le Tintoret qu'il vit à Venise l'encouragea, et ses études d'après le Titien et Paul Véronèse, à Florence, d'après André del Sarto, à Mantoue d'après le Jules Romain et à Parme d'après le Corrège. Ce furent les ouvrages de ce dernier qu'il affectiona davantage et dont il prit en quelque sorte la manière en y alliant ce que son Génie mâle et noble lui avait fait recueillir dans l'étude de la Nature et de l'antique. Il mourut en 1618, âgé de 63 ans.

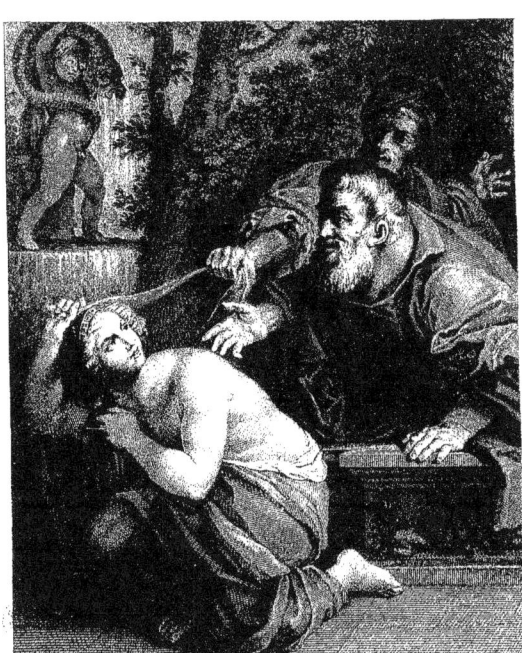

SUSANNE AVEC LES VIELLARDS.
De la Galerie de S. A. S. Monseigneur le Duc d'Orléans.

ÉCOLE DE LOMBARDIE.

LE TABLEAU DE LOUIS CARRACHE,

Peint sur Toile, ayant de hauteur 4 Pieds 8 Pouces, sur 3 Pieds 8 Pouces de large.

Tout le monde connaît l'histoire de Susanne rapportée dans l'Écriture Sainte. Établie à Babylone, avec son Mari, de plus riche et le plus considérable de ceux de sa nation, elle inspira la plus vive passion à deux Vieillards, qui la surprirent seule dans son jardin, prête à se mettre au bain, et qui la menacèrent de la faire condamner comme adultère, si elle refusait de se rendre à leurs infâmes desirs. Sa résistance résista les menaces de ces suborneurs. On la conduisit au supplice, lorsque le jeune Daniel, inspiré de Dieu, demanda qu'on examinât l'affaire de nouveau. Les Vieillards se coupèrent dans leurs dépositions, et ils subirent eux-mêmes le supplice auquel ils avaient fait condamner la chaste Susanne. Louis Carrache avait un génie dont la grandeur, la grace et l'onction convenaient pour représenter avec dignité les sujets sacrés; il en a donné des preuves dans ce Tableau. La modestie, la pudeur, la crainte sont exprimées sur le visage, et dans l'attitude de Susanne; elles s'enveloppe de ses vêtemens que un des impudiques Vieillards vient lui arracher, tandis que l'autre cherche à la séduire.

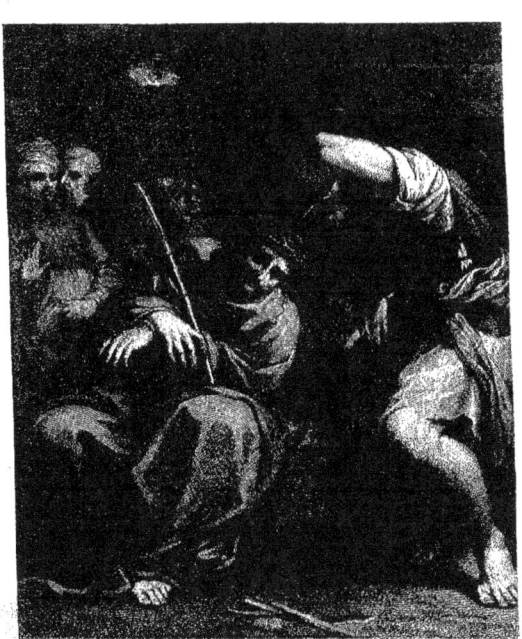

COURONNEMENT D'EPINES.

De la Galerie de S.A.S. Monseigneur Le Duc d'Orléans.

ÉCOLE DE LOMBARDIE.

IIIe TABLEAU DE LOUIS CARRACHE.

Peint sur Toile, ayant de hauteur 2 Pieds 3 Pouces, sur 2 Pieds de large.

Ce Tableau, dont les figures sont d'une petite proportion, peut être considéré comme l'extrait des morceaux sublimes d'un génie exercé à traiter le genre d'histoire en grand. Notre Seigneur est assis, couvert du Manteau de Pourpre que les Soldats lui ont mis; et deux lui enfoncent une Couronne d'Épines. On apperçoit dans le fond deux Juifs et quelques Soldats. Une Touche fière et hardie, une couleur vigoureuse, et l'effet mystérieux qui convient au Sujet, donnent à cette composition tout l'intérêt dont elle est susceptible, et en outre tous une belle idée de la manière large de Louis Carrache.

Ce Tableau a passé du Cabinet de M. Darigny, dans celui de S.A.S. Le Duc d'Orléans.

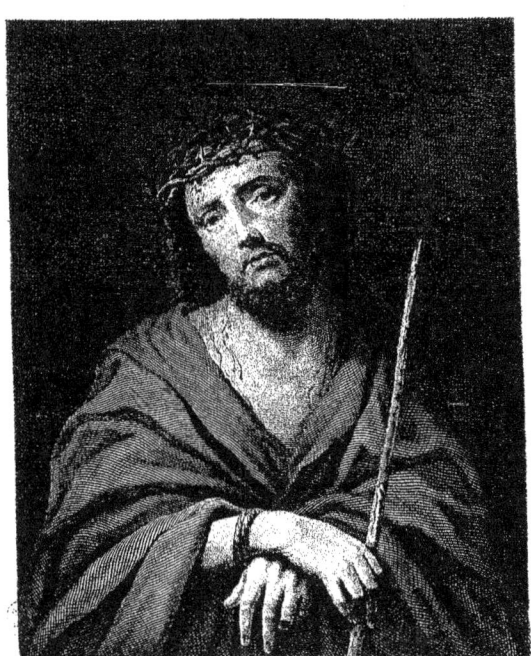

Peint par L. Carrache.   Dessiné par Hochecker.   Gravé par Subeyrl.

ECCE HOMO.

De la Galerie du Palais Egalité.

ÉCOLE DE LOMBARDIE.

IVᵉ. TABLEAU DE LOUIS CARRACHE.

Peint sur Toile, ayant de hauteur 2 Pieds 5 Pouces, sur 2 Pieds de large.

Ce Tableau de Louis Carrache peut être regardé comme une très belle étude de ce grand Maître, on y remarque une grande liberté de Pinceau, un ton de Couleur admirable et un bon goût de Dessin.

Louis Carrache étoit cousin germain d'Augustin et d'Annibal; quoiqu'il ne fut guères plus âgé qu'eux, s'étant avancé de bonne heure dans la Peinture, il fut leur Maître. Les dispositions que la Nature leur avoit donnée à tous trois pour cet Art, les lui firent aimer, qui ne rend de continuel et de principes, ensuite que la diversité de leur tempéramment a fait toute la différence de leur manière. Les Compositions de Louis étoient plus grandes, celles d'Augustin plus agréables, et celles d'Annibal plus fortes; mais ils sont tous dessiné d'un grand goût.

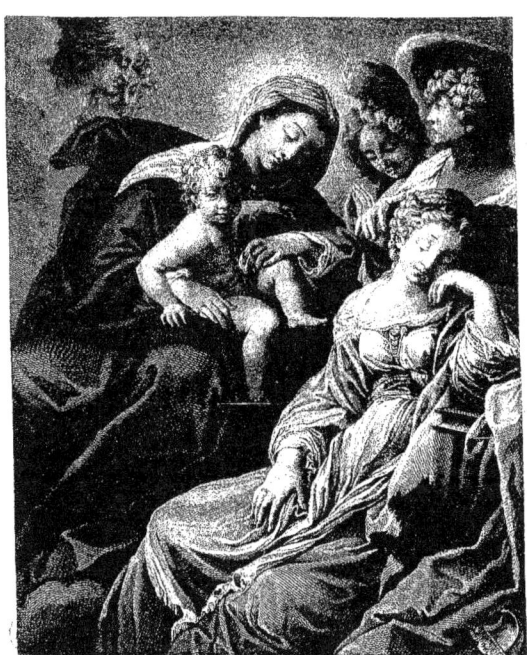

Peint par Louis Carrache.   Dessiné par Borel.   Gravé par R. De Launay.

Ste CATHERINE.
De la Galerie du Palais d'Orléans.

ÉCOLE DE LOMBARDIE.

Ve TABLEAU DE LOUIS CARRACHE.

Peint sur Toile, ayant de hauteur 4 Pieds 3 Pouces, sur 3 Pieds 5 Pouces de large.

Ce Tableau qui a passé du Cabinet de M. De Vanvré dans la Galerie d'Orléans est très bien conservé et peut être regardé comme un des plus beaux de Louis Carrache, autant par la grace de la composition et la beauté du Coloris que par la Noblesse et le moelleux de l'exécution.

« Ce grand Peintre, dit M. De Piles, étoit recherché de tous les côtés dans la Lombardie principalement à cause des Tableaux d'Eglise où l'on peut juger de sa capacité et de sa facilité par le grand nombre qu'il en a fait, et par la préférence qu'on lui donnait sur tous les autres Peintres ».

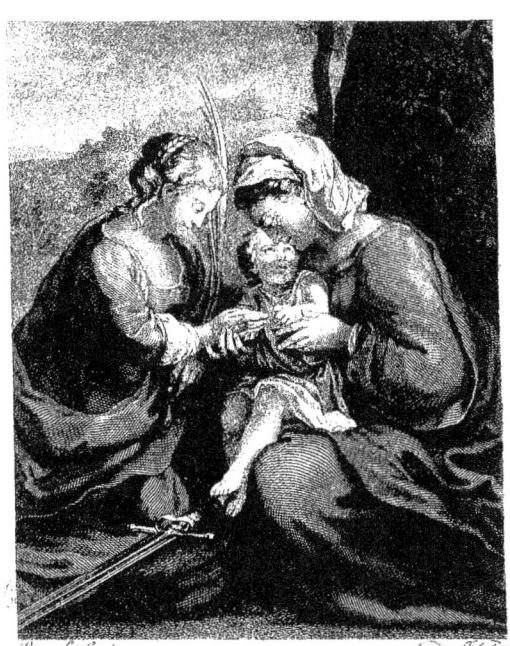

Peint par Louis Carrache.   Gravé par F. Lambert.

LE MARIAGE DE Ste CATHERINE.
De la Galerie du Palais d'Orléans.
ÉCOLE DE LOMBARDIE.

VIe TABLEAU DE LOUIS CARRACHE.
D'APRÈS LE CORREGE.

Peint sur Bois, ayant de hauteur 11 Pouces, sur 8 Pouces de large.

Les graces de la Composition, la beauté et la naiveté des Têtes, la belle Couleur, la finesse et la fermeté de la Touche pourroit faire regarder ce Tableau comme une des belles productions d'Antoine Correge, s'il n'étoit connu dans la magnifique Colection dont il fait partie pour être de Louis Carrache d'après ce grand Peintre.

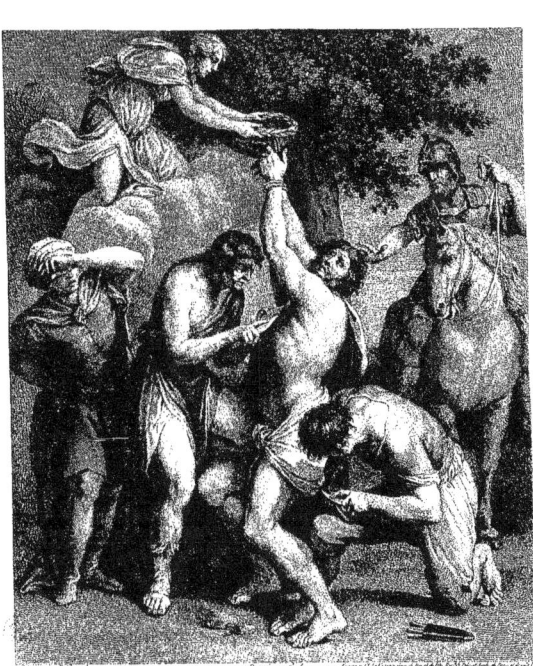

LE MARTYRE DE St BARTHELEMI
De la Galerie de S.A.S. Monseigneur le Duc d'Orléans

ÉCOLE DE LOMBARDIE.

TABLEAU D'AUGUSTIN CARRACHE,
Peint sur Toile, ayant de hauteur 2 Pieds 5 Pouces, sur 1 Pied 7 Pouces de large.

Monseigneur le Duc d'Orléans possede deux Tableaux de ce Maitre.

Si la composition de ce Tableau paroit un peu foible au premier coup d'œil, ce défaut est bien compensé par la correction du Dessin, la vérité des expressions, la beauté des caracteres, la vigueur du Coloris, et l'heureuse disposition des figures.

Augustin Carrache, frere ainé du célebre Annibal Carrache, naquit à Bologne en 1557. La Peinture ne fut pas le seul art qu'il cultiva; il s'adonna principalement à la Gravure qu'il avoit apprise de Cornielle Cort, et dans laquelle il acquit une réputation très distinguée; il étudia aussi les Mathématiques, sçût des Vers, eut le goût de la Danse, l'amour et le Talent qu'il avoit pour la Peinture, le rappelloient toujours à cet Art; et a fait cependant peu de Tableaux, encore moins les a-t-on presque tous confondus avec ceux de son frere.

Cet artiste mourut en 1602, âgé de 45 ans, à Parme où il avoit été appellé pour travailler au Palais du Prince.

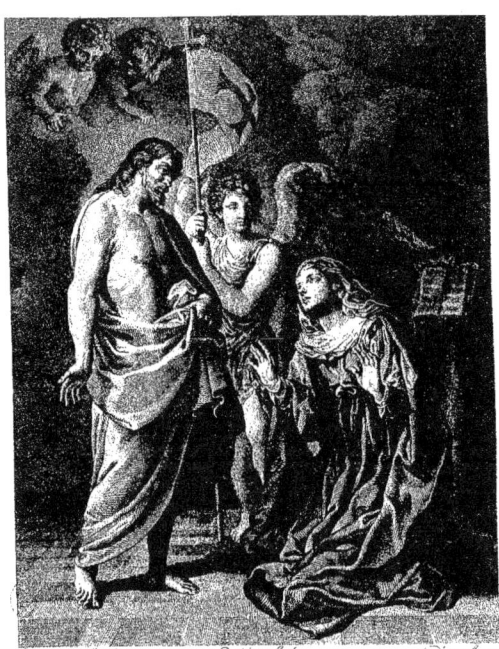

Peint par Augustin Carrache.   Dessiné par Ehrat.   Gravé par A. Bergeret.

JESUS CHRIST ET LA MADELEINE

De la Galerie du Palais Royal.

ÉCOLE DE LOMBARDIE.

II.ᵉ TABLEAU D'AUGUSTIN CARRACHE

Peint sur Toile, ayant de hauteur 7 Pieds, sur 4 Pieds de large.

Ce Tableau d'Augustin Carrache est recommandable par la correction du Dessin, la fierté de la Touche, et la beauté du Pinceau : les têtes ont de l'expression, et de la finesse.

On voit dans la Galerie de Dresde un Tableau attribué au Guide représentant le même sujet dont les trois figures principales sont les mêmes que dans celui que le Guide avoit exécuté depuis pour le fond du Tableau, le Portrait d'un Cardinal, et quelques Anges.

Augustin Carrache laissa un fils naturel nommé Antoine, dont Annibal prit soin, le fit étudier et l'instruisit dans la Peinture. Cet Antoine a donné tout de preuves de sa capacité, même dans le peu d'ouvrages qu'il a laissé. Rome, qu'on croit qu'il auroit surpassé son Oncle Annibal s'il avoit vécu plus long-tems. Il mourut à l'âge de 30 Ans en 1618.

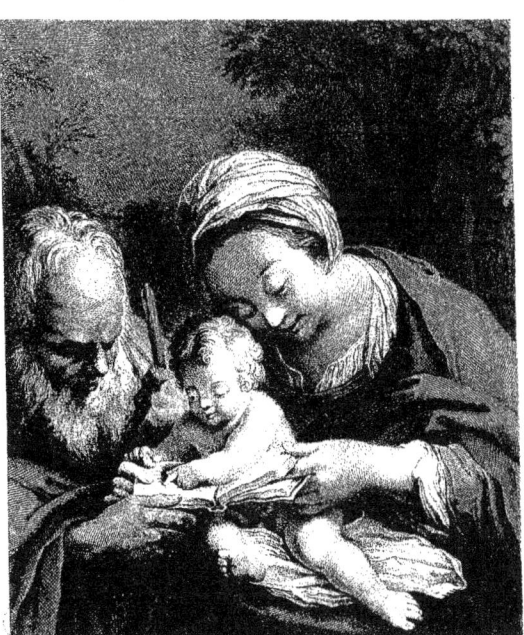

LA VIERGE
Enseignant à lire à l'Enfant Jesus.

De la Galerie de S. A. S. Monseigneur le Duc d'Orléans.

ÉCOLE DE LOMBARDIE.

1.ᵉʳ TABLEAU DE BARTHOLOMÉE SCHIDONE,

Peint sur Bois, ayant de hauteur 13 Pouces sur 10 de large.

Monseigneur le Duc d'Orléans possède deux Tableaux de ce Maître &c.

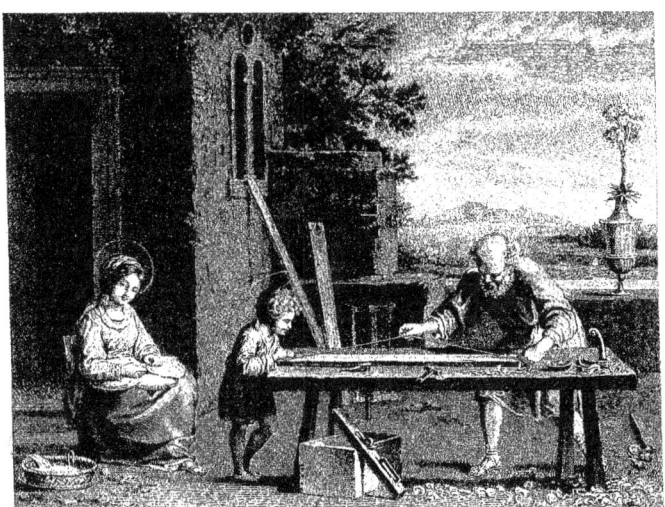

SAINTE FAMILLE.
De la Galerie de S.A.S. Monseigneur le Duc d'Orléans.

ECOLE DE LOMBARDIE.

TABLEAU D'ANNIBAL CARRACHE
CONNU SOUS LE NOM DU RABOTEUR.

Peint sur Toile, ayant de hauteur 2 Pieds 9 Pouces sur 3 Pieds 3 Pouces de large.

L'un des Tableaux de ce Peintre célèbre, des plus vantés autrefois, ornant les Appartemens de M.gr Le Duc d'Orléans.

C'est un grand privilège pour la beauté d'un Tableau, quand il a une dénomination particulière, celui dont il est ici question, ordinairement appelé le Raboteur, a toujours été fort estimé des connoisseurs; aussi est-il recommandable par la maitrise de l'expression et par la force du coloris. Il est seulement fâcheux que le Tems en ait détruit l'éclat et les teintes qui sont d'une valeur essentielle, le Tableau aurait été peint sur une toile imprimée de cette couleur, ce qui d'ailleurs paroissait être l'harmonie générale du Tableau.

Annibal Carrache appartient à une famille célèbre dans la Peinture, et même par que c'est la plus intéressante en ce genre. Il naquit à Bologne en 1560, destiné d'abord par son Père à la profession de Tailleur, il fût mis bientôt après chez un de ses cousins Louis Carrache son aîné, déjà connu par quelques beaux Tableaux, et chargé de lui enseigner le Dessin pour le rendre meilleur ouvrier en Orfèvrerie, mais lui ayant trouvé des talens particuliers pour la Peinture il n'eut aucun scrupule de ne suivre à la culture. Les progrès rapides de l'élève augmentèrent les espérances du maître, celui-ci lui conseilla pour se former davantage, d'aller voir les villes de la Lombardie, qui possédoient tant de superbes ouvrages des plus grands Maîtres. Les Chef-d'œuvres du Corrège, de Paul Véronèse, du Tintoret, de Jacques Bassan etc. furent pour lui de nouvelles écoles de lumières, et lui peu pour modèles, et il travailla d'après leurs principes.

Son retour à Bologne fut marqué par des productions admirables, et c'est alors que se forma cette célèbre école des Carraches, dont nous parlerons dans une autre occasion, le désir de voir Rome pour étudier surtout les ouvrages de Raphaël, le précédoit depuis longtemps; il s'y rendit, et cette Patrie des Arts fut encore un plus grand théâtre à sa gloire, mais les chagrins qu'il y éprouva ne contribuèrent pas peu à abréger ses jours, il mourut très seulement de 49 ans en 1609.

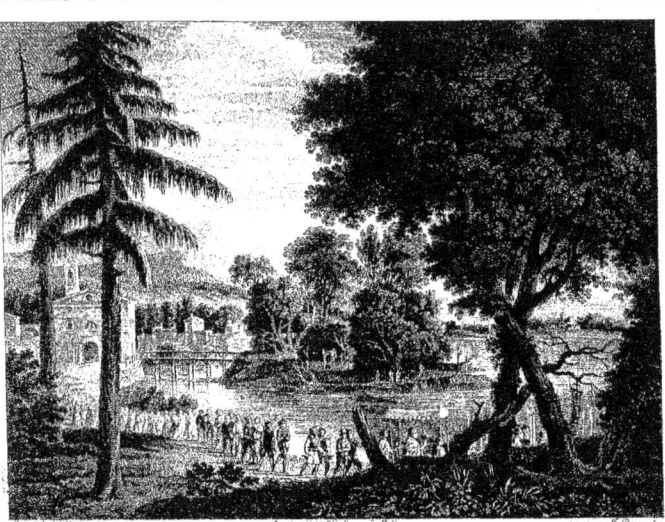

LA PROCESSION DU S.^T SACREMENT
De la Galerie de S. A. S. Monseigneur le Duc d'Orleans.

ÉCOLE DE LOMBARDIE.

IIe TABLEAU D'ANNIBAL CARRACHE.

Peint sur Toile haut d'un Pied 5 Pouces large d'un Pied 6 Pouces.

Dès qu'il s'agit de Paysage, le nom d'Annibal Carrache suffit pour en donner une belle idée. « M. de Piles » à qui nous devons un Abrégé des vies des Peintres très estimé, et fort bien jugé dans ce qui a rapport à la Peinture, dit qu'Annibal Carrache a eu un excellent goût pour le Paysage, ses Arbres sont d'une forme exquise, et d'une touche légère, et ne faut que jetter les yeux sur ce Tableau pour être convaincu de la verité de l'eloge fait par M. de Piles. Le site du paysage est d'un goût piquant, la beauté du Ciel, la fraicheur des Arbres, la limpidité de l'air, tout annonce que le Peintre a voulu representer la plus agréable Saison de l'année, et il y a réussi. La bonne Couleur n'est pas moins remarquable que la legereté de l'execution les Figures sont touchées d'une manière large et Spirituelle.

Il n'est peut être pas inutile d'observer que les Fêtes Religieuses, celebrées à la Campagne, ont je ne sais quoi de touchant qui imprime à l'âme un respect et un recueillement qu'on n'éprouve pas dans celles des Villes, quelque magnificence qu'on y puisse étaler. Voila pourquoi on ne se lasse point de considerer ce Tableau ; et c'est une idée très heureuse que d'avoir representé une Procession de la Fête-Dieu, au milieu d'un Paysage enchanteur.

Ce Tableau qui avoit appartenu à M. le Marechal Duc de Vouilles avant d'entrer dans la Collection du Palais Royal, est très bien conservé.

M. de Piles dont on a parlé plus haut, dit encore au sujet d'Annibal Carrache, qu'on ne voit point de Peintre qui ait été plus universel, plus facile, plus assuré dans tout ce qu'il faisoit, ni qui ait eu une approbation plus générale. Il faut aussi convenir que personne n'a été plus appliqué à son Art qu'Annibal Carrache : il avoit coutume d'appeller la Peinture sa Maitresse, et il la regardoit comme les heures les plus douces de sa vie, celles qu'il passoit avec Elle. Simple et modeste, il ne se plaisoit qu'à la Compagnie des gens sincères ou de ses Élèves dont il prenoit un soin tout particulier, jusqu'à quitter son Ouvrage pour les voir travailler et pour les corriger.

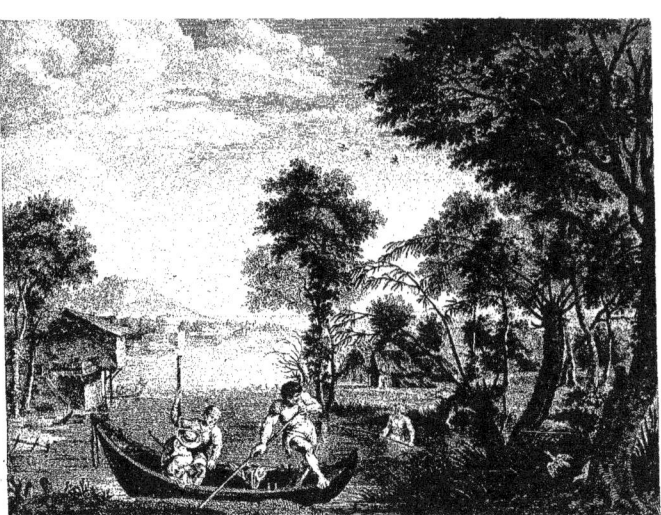

LE BATELIER
De la Galerie de S. A. S. Monseigneur le Duc d'Orléans.

ÉCOLE DE LOMBARDIE.

III.ᵉ TABLEAU D'ANNIBAL CARRACHE.

Peint sur Toile, ayant de hauteur 3 Pieds 3 Pouces, sur 5 Pieds de large.

Dans un riant Paysage orné de fabriques, on voit, sur un premier plan, un Batelier qui conduit deux Chasseurs; l'attitude de ce Batelier et ses efforts pour faire avancer le Bateau, ont fait donner le nom au Tableau. Plus loin est un Pêcheur dans l'Eau jusqu'à la ceinture, et traversant la rivière. D'un côté de l'autre on apperçoit à travers les arbres une chaîne de Montagnes. Annibal Carrache est un des Artistes qui a le mieux traité le Paysage, ainsi que nous l'avons déjà observé. Les Tableaux qu'il a peints dans ce genre sont ordinairement enrichis de figures où l'on reconnaît sa correction, son esprit et sa touche moëlleuse.

On rapporte de ce Peintre un trait qui suffirait seul pour donner des preuves des études profondes qu'il avait faites de son Art, et de la fidélité extérieure dont il était doué. Augustin Carrache, son frère aîné, était venu le joindre à Rome. Frappé des chefs d'œuvre antiques, il ne pouvait surtout se lasser de faire l'éloge du Laocoon. Un jour qu'il en faisait encore plus ce morceau en présence de beaucoup de personnes, il s'apperçut que son frère ne disait rien, et qu'il semblait donner peu d'attention à ses discours; il s'en plaignit comme s'il n'eût pas fait assez de cas d'un Ouvrage si admirable. Alors Annibal s'apperçut d'un ensemble sur laquelle il dessina Laocoon et ses enfans aussi correctement que s'il les eût eus devant lui pour les copier. Tous les assistans furent dans le plus grand étonnement, et Augustin lui-même fut obligé d'avouer que son frère avait su bien mieux que lui rendre les beautés dont il parlait. Annibal sortit aussi-tôt en souriant, et dit seulement que les Poëtes peignaient avec des paroles, et que les Peintres parlaient avec le Pinceau; ce qui regardait Augustin, qui se piquait de passer pour Poëte.

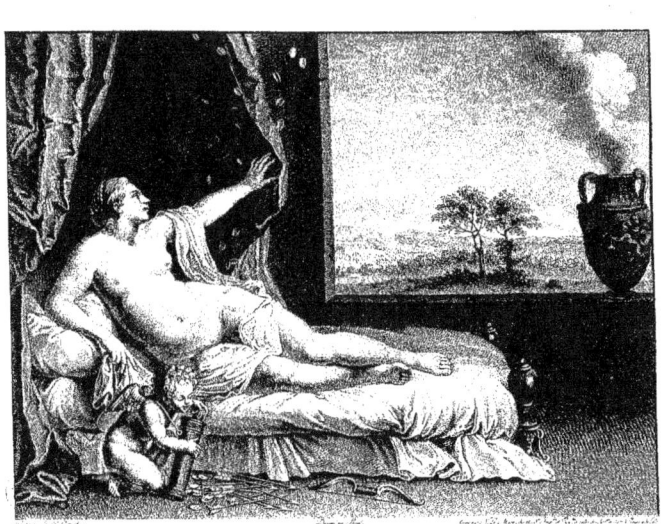

JUPITER ET DANAE.

De la Galerie de S. A. S. Monseigneur le Duc d'Orléans.

ÉCOLE DE LOMBARDIE.

IIIᵉ. TABLEAU D'ANNIBAL CARRACHE.

Peint sur Toile, ayant de hauteur 5 Pieds 5 Pouces, sur 8 Pieds 10 Pouces de large.

Tout le monde sçait la fable de Danaé. Son père, Acrise Roi d'Argos, pour la soustraire à la connaissance des hommes, la fit enfermer dans une Tour d'airain, parce qu'il craignait l'accomplissement d'un Oracle qui avait prédit qu'il mourrait de la main de l'enfant qu'elle mettrait au monde. Jupiter, épris des charmes de la belle Captive, descendit dans sa prison sous la forme d'une pluie d'or. Elle se rendit à ses desirs; et de ce commerce naquit Persée, dont les actions ont été si célébrées par les Poëtes.

L'Artiste a saisi le moment où Jupiter devenu transformé en pluie d'or. La fille d'Acrise est une à demie couchée sur un Lit dont elle dérange le rideau pour la mieux voir tomber. L'Amour assis au petit air frippon, ramasse les pièces d'or qu'il met dans son Carquois dont il a ôté les Flèches. Ce Tableau est excellent tant pour l'idée, que pour l'exécution. Un beau coloris, un contour noble, une touche large et moëlleuse, le placent au rang des plus estimés de cet Artiste. Peut-être, y aurait-il à désirer plus de finesse et moins de froideur dans le caractère de la tête de Danaé; quant à celles de l'Amour, elle est admirable pour la finesse d'expression.

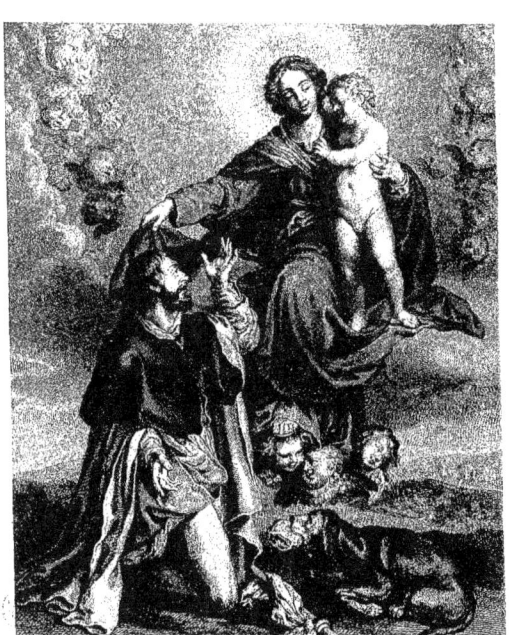

SAINT ROCH.
De la Galerie de S.A.S. Monseigneur Le Duc d'Orléans.

ÉCOLE DE LOMBARDIE.

Ve TABLEAU D'ANNIBAL CARRACHE.

Peint sur Toile ayant de hauteur = Pieds = Pouces sur 4 Pieds 0 Pouces de large.

Saint Roch à genoux invoque la Vierge qui lui apparoit, rayonnante de gloire et entourée de Chérubins. Elle soutient d'une main l'Enfant Jésus qui est debout, et de l'autre Ml. étend son Manteau sur le Patron des pestiférés, dont la cuisse découverte laisse voir l'empreinte de la maladie contagieuse dont il est frappé.

Ce Tableau étoit autrefois placé dans une des Chapelles de St Eustache à Paris. Monseigneur le Régent en fit l'acquisition, et le fit remplacer par une copie que l'on voit encore aujourd'hui dans la même Chapelle.

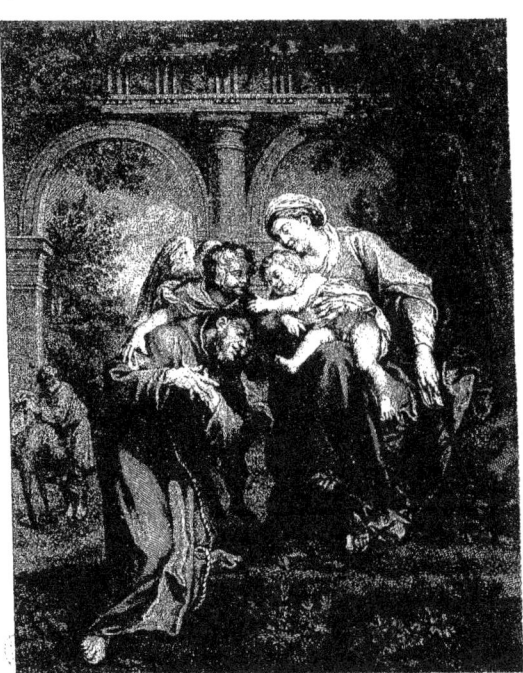

LA VISION DE S.^T FRANÇOIS.
De la Galerie de S. A. S. Monseigneur Le Duc d'Orléans.

ÉCOLE DE LOMBARDIE.

VIe TABLEAU D'ANNIBAL CARRACHE.

Peint sur Cuivre, ayant de hauteur 1 Pied 6 Pouces, sur 1 Pied 2 Pouces de large.

Ce Tableau est d'une grande beauté; il est regardé comme un des plus précieux d'Annibal Carrache. La richesse de l'Ordonnance, le choix des expressions, la pureté du Dessin et la force du Coloris s'y trouvent réunis au degré le plus éminent. La tête de la Vierge est d'un caractère fin, délicat et noble, et celle de St François exprime parfaitement l'extase et le ravissement dont il est pénétré.
Les Draperies sont bien jettées et répandent par leur couleur une grande variété de tons qui concourent à l'harmonie de ce beau groupe. Un Arbre d'un beau feuillé, et des plantes enrichissent le premier plan. Dans le fond du Tableau on voit un portique d'ordre Dorique au travers duquel on apperçoit un Paysage qui termine le fond du Tableau.

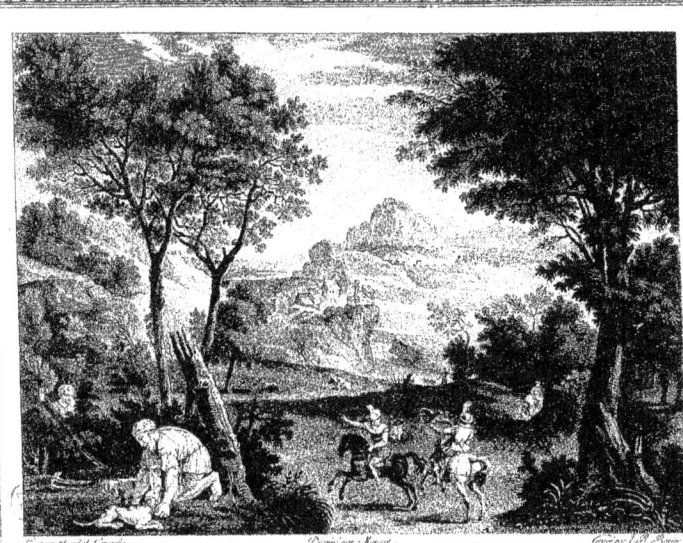

Peint et mis d'Carrache.   Dessiné par Monsiau.   Gravé par J. B. Simonet.

LES CHASSEURS.
De la Galerie du Palais Royal.

ÉCOLE DE LOMBARDIE.

VII.ᵉ TABLEAU D'ANNIBAL CARRACHE.

Peint sur Toile, ayant de hauteur, 3 Pieds 9 Pouces, sur 5 Pieds 3 Pouces de large.

Quoique ce Tableau ait beaucoup souffert et qu'il ait été repeint en plusieurs endroits on ne laisse pas cependant que d'y reconnoître la main du Célèbre Artiste auquel il est attribué.

De grands Arbres à droite et à gauche sur le devant du Tableau, des Montagnes dans l'Eloignement terminées par une fort haute, des Buissons et quelques fabriques forment le Site de ce Paysage où se fait une Chasse. On voit sur le premier Plan un Piqueur qui accouple deux Chiens. Deux Cavaliers, montés l'un sur un Cheval noir et l'autre sur un Cheval blanc, dont l'attitude ne laisse voir que la Croupe, vont à toutes brides pour joindre d'autres Chasseurs qui courent dans les Montagnes; le premier de ces deux Cavaliers, qui paroit être le Maître de l'autre, vû seulement par le dos, se tourne et fait signe à un troisième aussi de ce côté qui entre dans un Bois à droite, de rebrousser

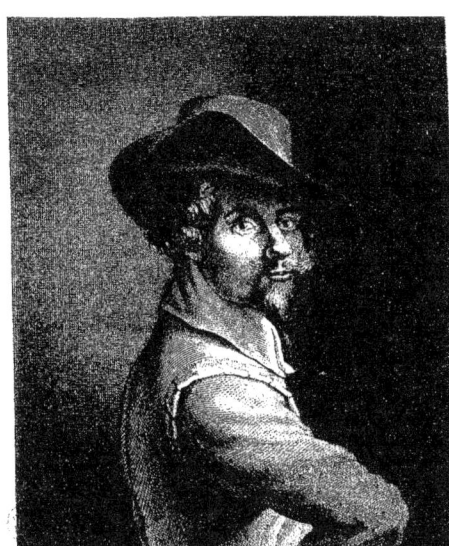

Peint par A. Carrache. Gravé par Oudry C. Henriet.
ANNIBAL CARRACHE.
De la Galerie du Palais Égalité.

ÉCOLE DE LOMBARDIE.

N°III. TABLEAU D'ANNIBAL CARRACHE.
Peint sur Toile, ayant de hauteur 1 Pied 10 Pouces, sur 1 Pied 6 Pouces de large.

L'Auteur après avoir dissipé son avoir par des Chefs d'Œuvre ou bien des œuvres fait pour exciter l'admiration de la postérité, semble, en nous transmettant ses traits sur la Toile, avoir eu principalement l'intention de nous donner une nouvelle preuve de son talent. Dans un Tableau d'après lui, il a a parfaitement réussi. L'on voit dans cette Tête un caractère hardi qui exprime la fierté et l'énergie qu'Annibal mettait dans ses Ouvrages célèbres où est pittoresque, et l'on reconnait dans toutes les parties la touche et le Pinceau du grand Maître. Il parait qu'Annibal Carrache s'est peint lui même plusieurs fois, en effet le même Portrait se voit dans la Galerie de Florence.

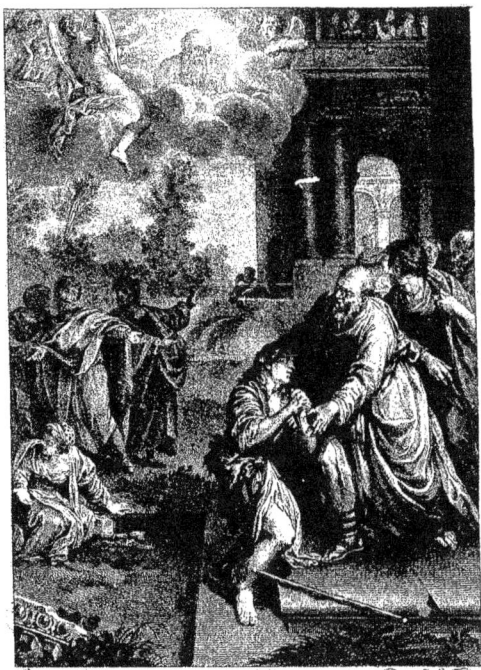

Peint par Annibal Carrache. Gravé par J. B. Tilliard.

L'ENFANT PRODIGUE.

De la Galerie du Palais d'Orléans.

ÉCOLE DE LOMBARDIE.

IXe TABLEAU D'ANNIBAL CARRACHE.

Peint sur Toile, ayant de hauteur 8 Pieds 6 Pouces, sur 5 Pieds 9 Pouces de large.

Il ne faut pas juger ce Tableau par le Style de la Composition; l'Ordonnance en est peu intéressante. Les grands Maîtres n'ont pas toujours été habiles dans le choix de leurs pensées, mais on les reconnaît toujours dans les parties qui caractérisent la belle exécution. Un Pinceau énergique, un Dessin facile et quelques Têtes expressives font estimer ce Tableau, qui d'ailleurs est d'un beau ton de Couleur et d'une belle conservation.

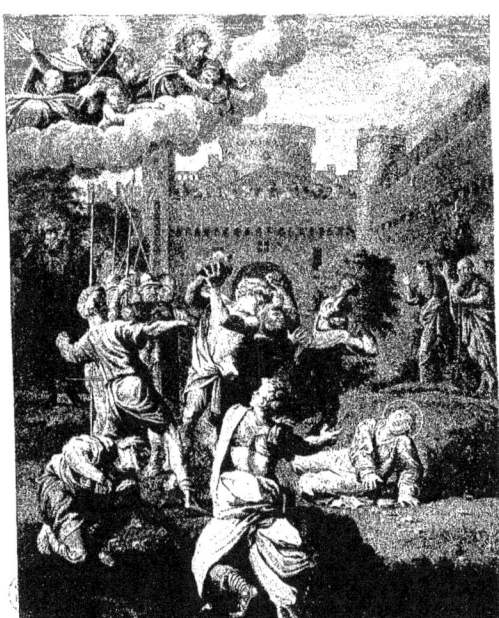

Peint par Annibal Carrache.   Gravé par Guersent.

LE MARTYRE DE S^T. ETIENNE.

De la Galerie du Palais d'Orléans.

ÉCOLE DE LOMBARDIE.

X^e. TABLEAU D'ANNIBAL CARRACHE.

Peint sur Cuivre, ayant de hauteur 1 Pied 8 Pouces, sur 1 Pied 4 Pouces de large.

On voit peu de Tableaux d'Annibal Carrache d'un fini aussi précieux et traité en même tems d'une manière plus sçavante et plus énergique. S^t. Etienne étendu à terre lève les yeux au Ciel qu'il implore pour ses persécuteurs. S^t. Paul est assis sur le devant du Tableau et semble par son action exciter l'animosité des Juifs contre ce premier Martyr de Jésus Christ. Une grande force d'action et d'expression se fait sentir dans toutes les figures et chacune en particulier cherche à imprimer l'épouvante et l'horreur qu'une pareille exécution doit causer.

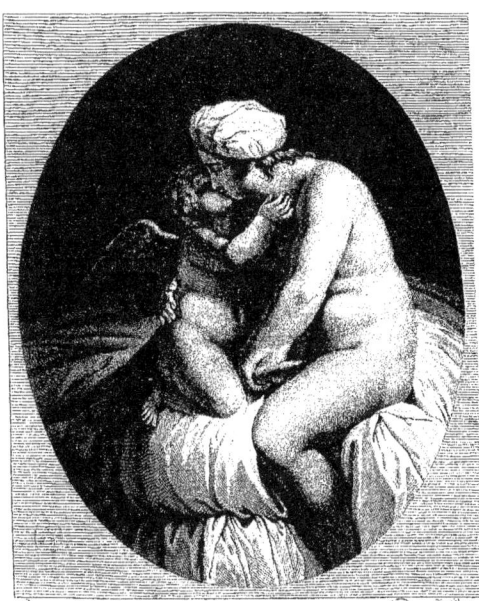

Peint par Annibal Carrache.   VENUS ET L'AMOUR.   *Gravé par J. S. Boullard.*

De la Galerie du Palais d'Orléans.

ÉCOLE DE LOMBARDIE.

N.º TABLEAU D'ANNIBAL CARRACHE.

Peint sur Cuivre, ayant de hauteur 5 Pouces, sur 4 Pouces de large.

Ce joli Tableau, quoique considéré comme une production de la jeunesse d'Annibal Carrache, peut néanmoins être rangé parmi ses intéressans Ouvrages; on y trouve réunis un beau ton de Couleur, une Touche savante et le bel accord de l'Effet.

L'on désirerait un Style de Dessin plus noble et plus gracieux, surtout dans la figure principale. Mais l'on sait que ce fut à Rome que l'Auteur puisa dans l'Étude des Chefs-d'Œuvres Antiques ce caractère sublime de Dessin qu'il adaptoit avec un goût exquis aux différens personnages de ses Sujets, et que l'on admire dans ses Ouvrages lorsqu'ils ne sont pas, comme ici, d'une trop petite dimension.

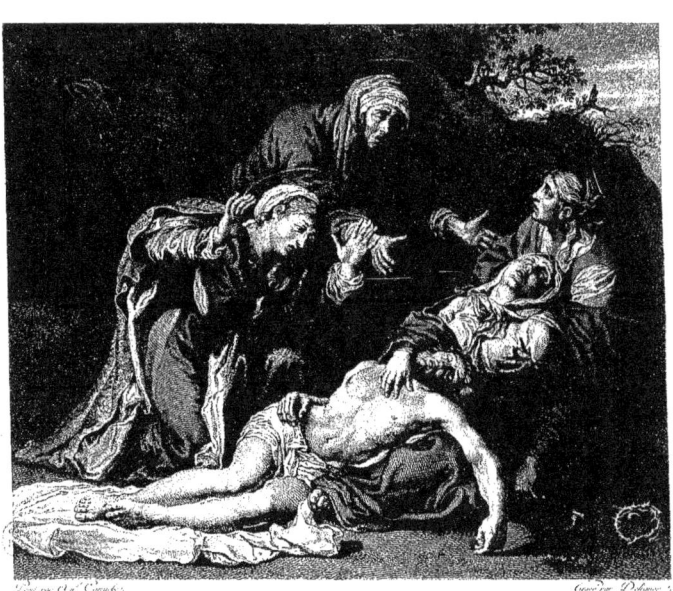

Peint par An^l Carache. Gravé par Delignon.

DESCENTE DE CROIX.
De la Galerie du Palais d'Orléans.
ÉCOLE DE LOMBARDIE.

N°. XII. TABLEAU D'ANNIBAL CARRACHE.

Peint sur Toile, ayant de hauteur 2 Pieds 10 Pouces, sur 3 Pieds 4 Pouces de largeur.

Le Christ est étendu à terre sur un linceul, sa Tête et la moitié de son Corps reposant sur les genoux de la Vierge, qui est évanouie, une main tombée sur la poitrine de son fils, et le bras gauche pendant avec tout l'abandon de la défaillance; une des trois Maries la soutient, tandis qu'une autre s'occupe pour la secourir. La Madeleine un genou en terre aux pieds de Jésus, les mains levées avec l'attitude de la plus profonde douleur, les yeux tout gonflés de larmes, et fixés sur le Sauveur, semble lui adresser ses gémissements.

La Tête du Christ est du plus beau caractère. Il semble qu'un sommeil d'accablement plutôt que la mort ait fermé ses paupières. Cette expression ingénieuse paraît annoncer le réveil prochain et éternel de l'homme Dieu.

Ce tableau sublime pour le Coloris, le Dessin et l'Effet, et dans lequel Annibal Carrache s'est surpassé lui-même, a toujours été regardé des Artistes et des Connaisseurs de toutes les Nations comme le Chef d'Œuvre de l'Art pour l'expression.

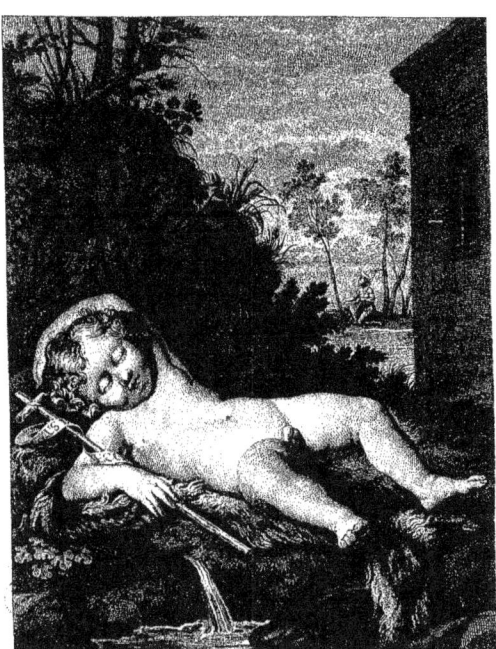

Peint par Anibal Carrache. Gravé par Ponce.

St. JEAN QUI DORT

De la Galerie du Palais d'Orléans.

ÉCOLE DE LOMBARDIE.

XIII.ème TABLEAU D'ANNIBAL CARRACHE.

Peint sur Toile, ayant de hauteur 3 Pieds 2 Pouces, sur 2 Pieds 4 Pouces de large.

Ce Saint est représenté enfant. Il est nud, Couché sur sa peau d'Agneau, un bras sur sa tête, et il tient de la main Gauche la Croix qui le Caractérise.

On estime dans ce Tableau, qui est du bon tems d'Annibal Carrache, l'étonnante facilité du Pinceau, la belle pâte et le bon ton de Couleur. C'est une belle étude de dessin et de Carnation.

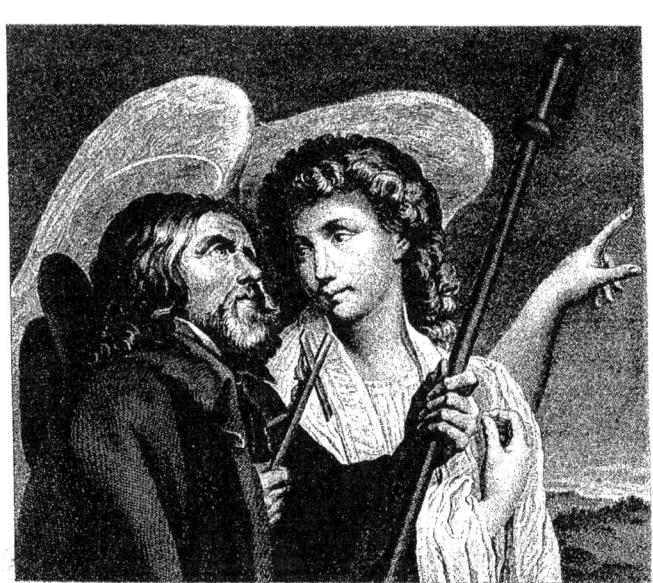

Peint par Anibal Caracho.   Gravé par Gochet et terminé par Niée

S.T ROCH AVEC UN ANGE.

De la Galerie du Palais d'Orléans
ÉCOLE DE LOMBARDIE.

XIV.ᵐᵉ TABLEAU D'ANIBAL CARRACHE.

Peint sur Toile, ayant de hauteur 4 Pieds, sur 4 Pieds 6 Pouces de large.

S.t Roch, naquit à Montpellier sur la fin du XIII siècle d'une famille Noble et riche. On dit qu'ayant perdu son père et sa Mère à l'âge de vingt ans, il alla à Rome en pèlerinage, qu'il y guérit un grand nombre de personnes affligées de la peste, et qu'à son retour il survint à Plaisance, où cette maladie régnait alors. S.t Roch en fut frappé lui-même, et contraint de sortir de la ville pour ne pas infecter les autres. Il se retira dans une forêt, où l'on dit que le Chien d'un Gentil-homme voisin, nommé Gothard, lui apportait tous les jours un pain. Quelque tems après étant guéri, il retourna à Montpellier, où il mourut le 18 Août 134-. Sur celle est célébré par la dévotion des fidèles qui l'invoquent, surtout dans les maladies contagieuses.

Ce Tableau largement touché, d'un Coloris vigoureux et d'un Dessin correct peut être considéré comme une belle Étude de Peinture.

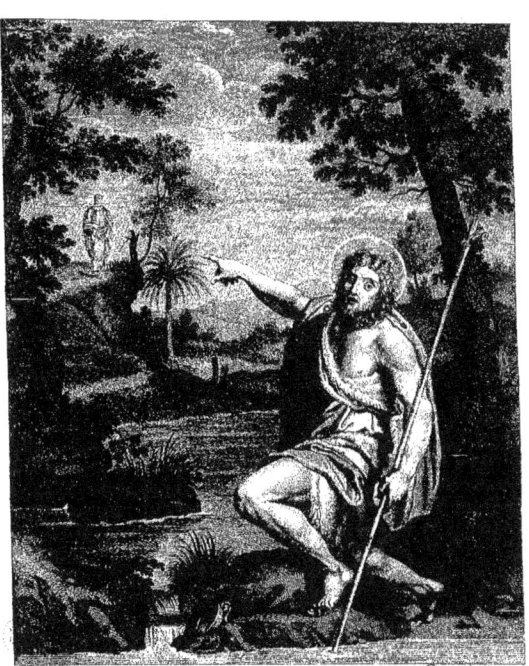

Peint par A.^l Carrache.   Gravé par J. M. Moitte.

St JEAN QUI MONTRE LE MESSIE.
De la Galerie du Palais d'Orléans.
ÉCOLE DE LOMBARDIE.

XVe TABLEAU D'ANNIBAL CARRACHE.

Peint sur Cuivre, ayant de hauteur 1 Pied 8 Pouces, sur 1 Pied 4 Pouces de large.

Le précurseur du fils de Dieu à genoux sur les rives du Jourdain, annonce le Baptème de la pénitence,
et la venue du Messie qu'il fait appercevoir dans le Lointain.
La correction du Dessin, le Touche mâle et vigoureuse la belle disposition du Site et le feuillé des
Arbres font regarder ce Tableau comme une des belles productions d'Annibal Carrache.
Ce morceau se voyoit au Palazzo Giardino maison de plaisance des Ducs de Parme. Il fut
acquis par le Régent à la vente du Cabinet de Sr Paillot dans lequel il étoit passé.

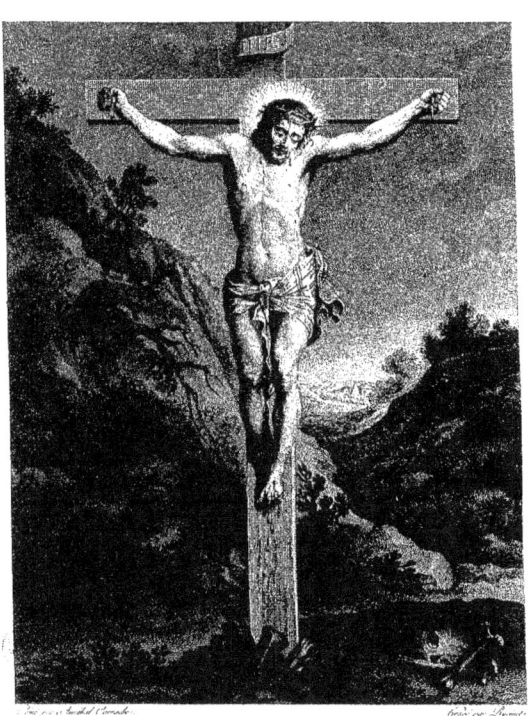

CRUCIFIX.
De la Galerie du Palais Royal.
ÉCOLE DE LOMBARDIE.

XVIme TABLEAU D'ANNIBAL CARRACHE.

Peint sur Bois, ayant de hauteur 2 Pieds 7 Pouces, sur 1 Pied 3 Pouces de large.

Le Christ, cloué sur la Croix, est près de rendre le dernier soupir; sa Tête s'incline, et le sang coule de ses plaies.
Ce Tableau fut probablement exécuté lorsqu'Annibal Carrache, n'ayant point encore vu Rome, et charmé
des ouvrages du Corrège, cherchait la manière de ce Peintre célèbre. Le Dessin du Christ est correct mais il tient
moins de l'Antique que celui que l'Artiste adopta par la suite.
Le Coloris de ce Tableau a beaucoup de vigueur, et l'ouvrage est très bien conservé.

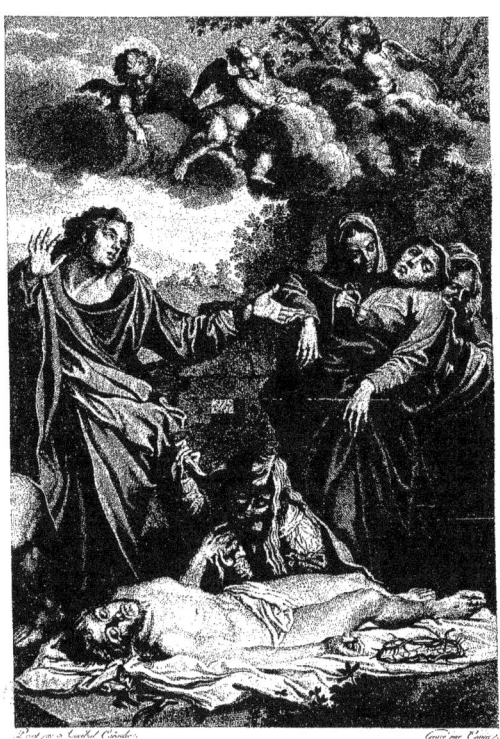

DESCENTE DE CROIX.
De la Galerie du Palais Royal.
ÉCOLE DE LOMBARDIE.

XVIIme TABLEAU D'ANNIBAL CARRACHE.

Peint sur Toile, ayant de hauteur 6 Pieds 3 Pouces, sur 4 Pieds 6 Pouces de large.

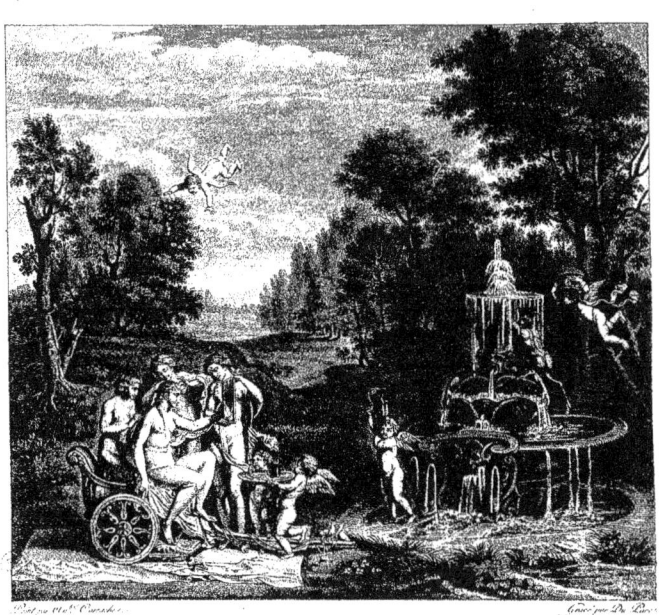

Peint par Annib.l Carrache.   Gravé par De Launay.

TOILETTE DE VENUS.

De la Galerie du Palais Royal.

ÉCOLE DE LOMBARDIE.

XVIII.ᵐᵉ TABLEAU D'ANNIBAL CARRACHE.

Peint sur Toile, ayant de hauteur 2 Pieds 9 Pouces, sur 3 Pieds 1 Pouce de large.

La Scène est dans les Bois sacrés de Amathonte. Vénus, assise sur son Char, contemple avec orgueil ses cheveux retenus dans un Miroir que lui présente une des grâces. Les deux autres sont occupées à parer la Déesse : elles arrangent sa Chevelure, et apportent la récolte de ses Conquêtes. Les Amours présentent à leur Mère des Parfums et des couronnes. L'un porte dans un Vase de l'Eau qu'il vient de puiser à une fontaine. D'autres voltigent dans les airs.

Ce Tableau, d'une composition charmante, doit servir de Modèle à l'Albane, lorsqu'il traite de semblables sujets. Le dessin des figures est correct et gracieux, le Paysage est touché avec la supériorité qui distingue l'École des Carraches, et particulièrement Annibal.

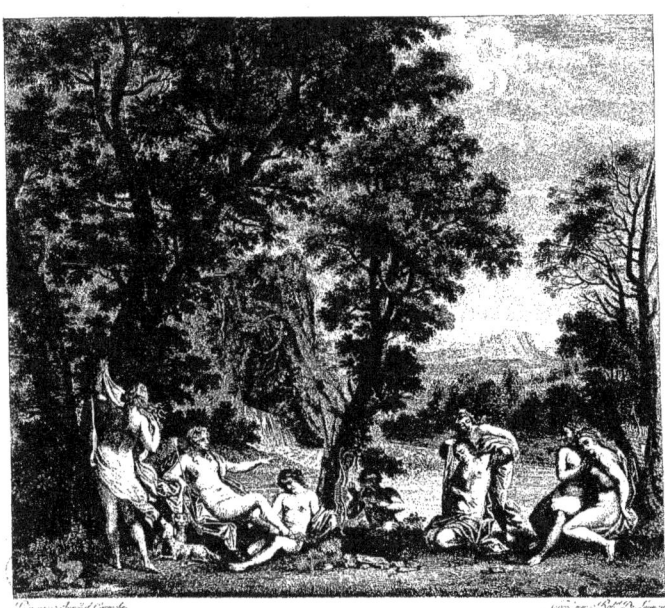

LE BAIN DE DIANE.

De la Galerie du Palais Royal.

ÉCOLE DE LOMBARDIE.

XIXme TABLEAU D'ANNIBAL CARRACHE.

Peint sur Toile, ayant de hauteur 4 Pieds 9 Pouces, sur 8 Pieds 1 Pouce de large.

Diane, fatiguée de la Chasse, s'apprête à jouir des plaisirs du Bain. Elle est assise sur sa draperie, tenant son Dard renversé, ses Chiens sont proche d'elle, l'une de ses Nymphes achève de détacher sa chaussure, une autre suspend une draperie à un Arbre. Calisto, que Jupiter avoit séduite sous la forme de Diane, est forcée, malgré sa résistance, de dépouiller ses vêtemens et de laisser apercevoir qu'elle deviendra Mère, elle baisse les yeux, la honte et la confusion la font rougir. La chaste Déesse laisse éclater son indignation, et ses Nymphes partagent sa surprise et sa colère.

Ce Tableau, bien conservé, est d'une composition riche et agréable. Les figures sont agréablement disposées, la couleur est vraie, le Dessin ferme et correct. Le Paysage offre de beaux Plans et les Arbres en sont touchés avec beaucoup d'esprit et de goût.

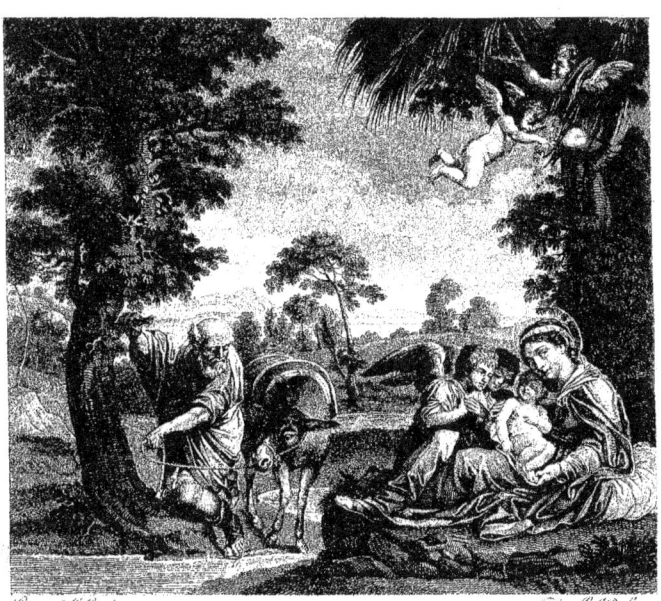

Peint par Ann.^l Carrache.   Gravé par Robt De Launay.

LE REPOS.
De la Galerie du Palais Royal.
ÉCOLE DE LOMBARDIE.

XXme TABLEAU D'ANNIBAL CARRACHE.

Peint sur Bois, ayant de hauteur 1 Pied 8 Pouces, sur 1 Pied 11 Pouces de large.

La Vierge assise à l'ombre d'un Palmier tient sur ses genoux son fils endormi. Deux Anges se prosternent et contemplent Jesus avec un douloureux empressement. Deux autres anges voltigent dans les airs et laissent tomber des fleurs sur la Vierge et sur son fils. Près de là on voit St Joseph se disposant à attacher l'âne à un Arbre.

Annibal Carrache a placé ses personnages dans une vaste Vallée. la grace et la correction des figures, la beauté du Coloris, la manière savante dont le Paysage est touché font de ce Tableau une des plus inestimables productions de ce grand Peintre.

Ce Tableau est très bien conservé.

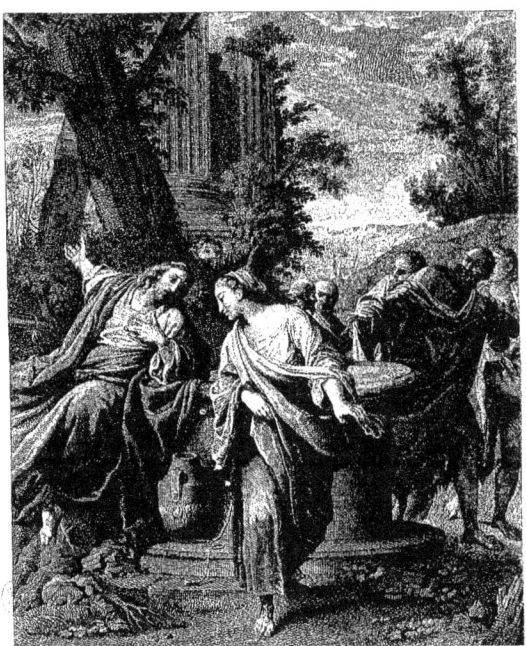

Peint par Annibal Carrache. Gravé par P. Palmanzi.

LA SAMARITAINE,

De la Galerie du Palais d'Orléans.

ÉCOLE DE LOMBARDIE.

XXIe TABLEAU D'ANNIBAL CARRACHE.

Peint sur toile, haut de 2 pieds 4 pouces, large de 3 pieds.

Le Christ assis, et s'appuyant sur le bord du puits, s'entretient avec la Samaritaine, qui paraît pénétrée de confiance et de respect. Plus loin on apperçoit les Apôtres, ils témoignent leur surprise de ce que leur maître ne dédaigne pas de parler à cette femme. Le fond représente un paysage orné de fabriques et de ruines. Ce Tableau bien conservé peut se rapporter à l'époque où le Carrache étudiait spécialement les ouvrages du Corrège. On trouve dans l'attitude des figures une imitation de la manière de ce maître, un coloris plein de vigueur et d'harmonie, et une exécution soignée.

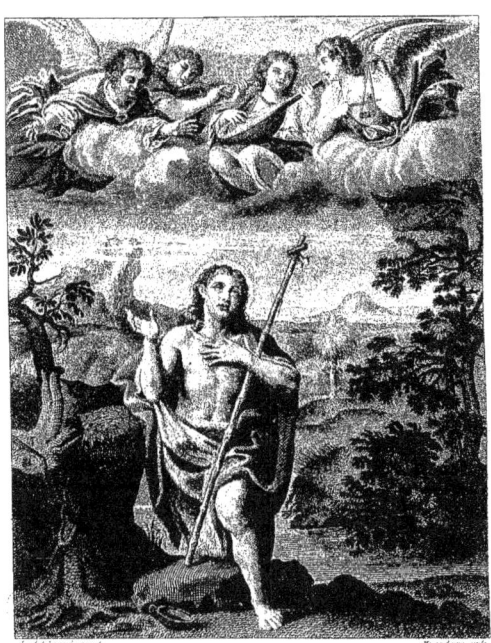

St. JEAN BAPTISTE EN PRIÈRES.
De la Galerie du Palais d'Orléans.

ÉCOLE DE LOMBARDIE.

XXII.ᵉ TABLEAU D'ANNIBAL CARRACHE.

Peint sur cuivre, hauteur 1 pied 7 pouces, largeur 1 pied 2 pouces.

S.ᵗ Jean au milieu du désert qu'il habite depuis son enfance, un genou en terre, une main levée au ciel, l'autre appuyée sur sa poitrine, les cuisses et le dos chargés d'une étoffe de poil de chameau, tenant une croix, faite de roseau semble remercier le ciel de lui avoir fait connaître le sauveur des nations. Un ange recueilli supérieur pose la portée aux pieds du très haut et trois autres sujets célestes font retentir les airs d'une harmonie divine.

Ce beau tableau étant passé de la Galerie d'Orléans en Angleterre, il en a été rapporté par M.ʳ Bonnemaison, peintre distingué et appréciateur judicieux des chefs-d'œuvre de l'art. C'est une des belles productions du Carrache. Il est remarquable par la finesse de son exécution et sa conservation parfaite. M.ʳ Naissé le possédait, lorsque sa collection fut réunie à celle d'Orléans au commencement du siècle passé.

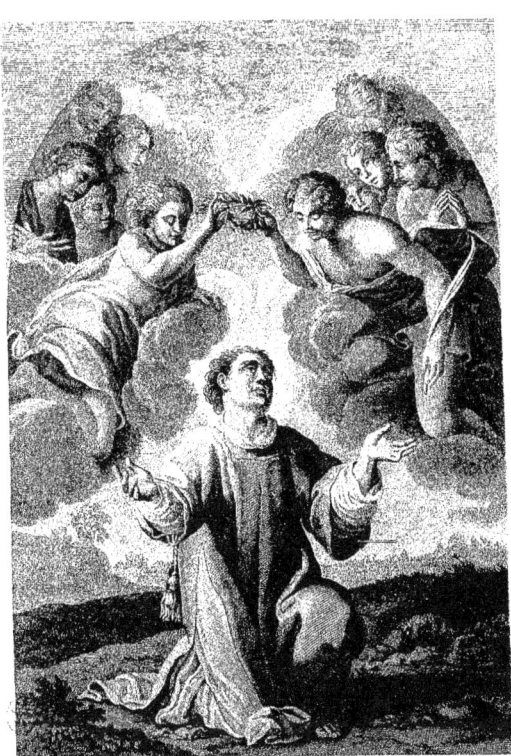

S.T ETIENNE.
De la Galerie du Palais d'Orléans

ÉCOLE DE LOMBARDIE

XXIII.ᵉ TABLEAU D'ANNIBAL CARRACHE
Peint sur bois, hauteur 10 pouces, largeur 6 pouces

Le Martyre de S.t Etienne a fréquemment occupé les pinceaux d'An. Carrache. Il fit briller la fécondité de son génie par le choix varié des différens accidens qu'il a supposé avoir précédé, accompagné ou suivi la mort du S.t Diacre. Dans ce tableau, il l'a représenté rassasiée rendant grâces au très haut des forces surnaturelles qu'il en a reçu pour supporter avec fermeté la mort. Il va bientôt jouir de la gloire éternelle. Des anges le couronnent lui apportent la palme due à son courage, ils semblent n'être descendus des cieux que pour l'accompagner jusqu'au séjour de la béatitude.

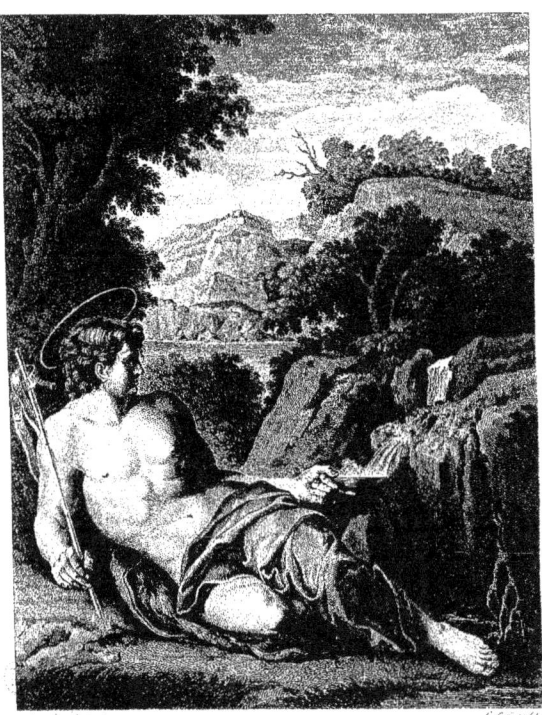

ST. JEAN AU DÉSERT.
De la Galerie du Palais d'Orléans
ECOLE DE LOMBARDIE.

XXIII.ᴱ TABLEAU D'ANNIBAL CARRACHE

Peint sur toile, hauteur 4 pieds, largeur 3 pieds.

Le Précurseur du Messie, assis au pied d'un arbre, reçoit dans sa coupe l'eau qui sort d'un rocher. Il est presque nud, un morceau d'étoffe grossière couvre à peine une partie de sa cuisse; pour le faire mieux connaître, le peintre lui a mis à la main une croix de roseau. Elle est enlacée d'une bande-écrite, sur laquelle on lit quelques mots de la réponse que le saint fit aux prêtres et aux lévites venus dans le désert pour l'interroger de la part des juifs, et qu'il répéta le lendemain à deux de ses disciples, en voyant Jésus qui passait: Voilà l'Agneau de Dieu, &c.

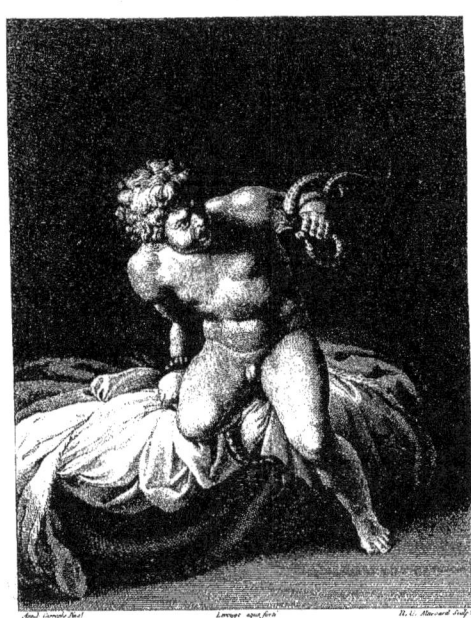

Annib. Carache Pinx.¹ Lavaque aqua forti. H. G. Mécaud Sculp.¹

HERCULE ENFANT.

De la Galerie du Palais d'Orléans

ÉCOLE DE LOMBARDIE.

XXIV.ᵉ TABLEAU D'ANNIBAL CARRACHE.

Peint sur bois, hauteur 6 pouces et demi, largeur 5 pouces et demi.

Il existe plusieurs répétitions du même sujet, et l'une d'elles avec quelques changemens est exposée dans la Galerie du Musée Napoléon. C'est pour avoir été induit en erreur par des renseignemens infidèles que M. Lavallée, membre de plusieurs Sociétés savantes, connu par plusieurs ouvrages estimables et par la rédaction de la galerie du Musée Napoléon publiée par M.ʳ Filhol, a pensé que ce pouvoir être le même tableau. Celui-ci est ancien dans la collection d'Orléans et appartenait auparavant au Duc de Vendôme. Il est un peu plus grand, l'expression du jeune Hercule n'est pas tout-à-fait le même, cet enfant n'y paroit pas insensible à quelques émotion de crainte, et le berceau est entièrement caché sous l'étoffe qui le couvre. Bellori assure qu'Annibal peignit Hercule enfant sur un morceau de bois de noyer de la grandeur d'environ une palme pour M.ʳ Corradino Orsini qui chérissait les talens de cet Artiste.

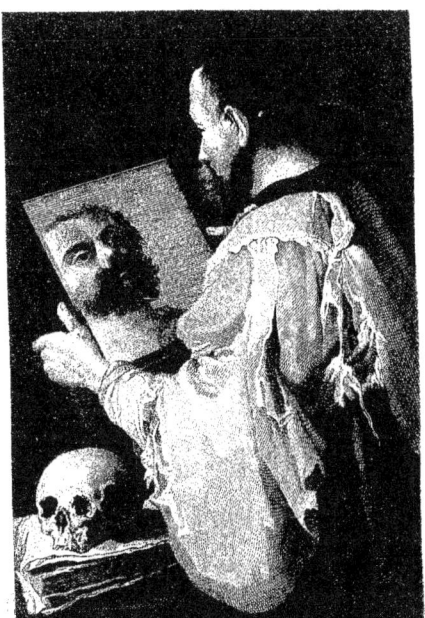

PORTRAIT DE MICHEL ANGE AMERIGHI DE CARAVAGGE
PEINT PAR LUI MÊME.

De la Galerie du Palais d'Orléans.

ÉCOLE DE LOMBARDIE.

1.ᵉʳ TABLEAU DE CE MAÎTRE.

Peint sur toile, hauteur 2 pieds 2 pouces, largeur 2 pieds 1 pouce.

L'on ignore le nom propre de ce peintre né à Caravaggio en 569, mort en 1609, il se nommait Amerighi, les auteurs Merigi, mais il est généralement connu sous le nom de M. A. de Caravagge. Il fallait être bien bizarre et bien ennemi des convenances sociales pour aimer se représenter sous de haillons et paraître à son avantage. Quel amour insensé que cet artiste avoit Choisbes pour ses talens avec la vanité de ce concert, il habita magnifique qu'il ne changeoit que lorsqu'ils tomboient en lambeaux. Tous les autres dans ce combat seroit fait entrer dans la haine qu'on lui porte, et l'on l'estime qu'on fit de ses ouvrages, il fit éclore de la haine les peintres maniérés qui suivoient les traces du Jesepin et négligeoient plus que leur maître l'étude de la nature. Il fut adoré par ceux qui estimoient après lui l'imitation forte et vraie de la nature n'étoient point rebuté de la bassesse du choix des modèles, et souvent même des sujets représentés.

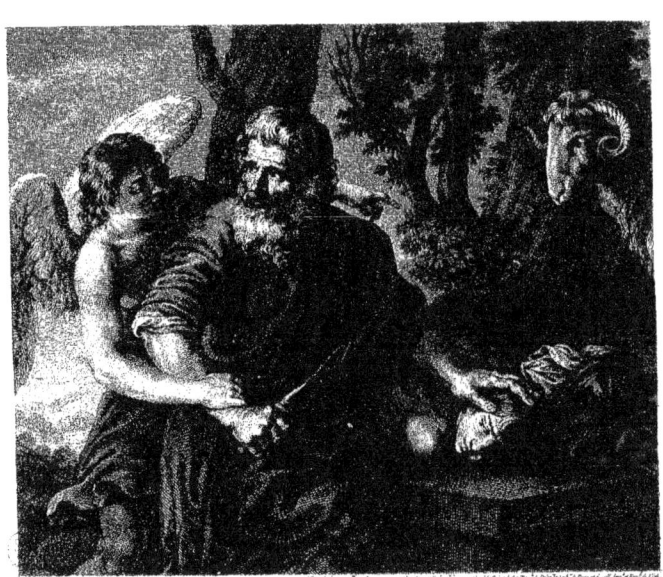

LE SACRIFICE D'ISAAC.

De la Galerie de S.A.S. Monseigneur Le Duc d'Orléans.

ÉCOLE DE LOMBARDIE.

TABLEAU DE MICHEL-ANGE AMERIGI,
SURNOMMÉ LE CARAVAGE.

Peint sur Toile, ayant de hauteur 3 Pieds 9 Pouces, sur 4 Pieds - Pouces de large.

Ce sujet représente l'instant où Abraham prêt à frapper Isaac, est retenu par un Ange qui lui annonce que Dieu est satisfait de sa soumission, et lui indique en même tems le Bélier qu'il doit frapper à la place d'Isaac.

La manière du Caravage porte un caractère de vérité et d'énergie imposant: elle est frappante dans ce Tableau. On y reconnoit l'intelligence profonde que ce Maître avoit dans la partie du Clair-Obscur, ainsi que la force et la vérité de son coloris et l'égard du Dessin, il manque de noblesse ainsi que les expressions, mais c'étoit le défaut général de tous ses ouvrages où l'on remarque plus de vérité que de grâce, et plus de feu que de génie.

Caravage étoit du caractère le plus bouillant et le plus impétueux. Il se battit plusieurs fois en duel, et tua même quelques uns de ceux qu'il avoit provoqués. Il avoit sur-tout pris la part de Josepin, Peintre célèbre, qui refusa d'abord de se battre avec lui, sous prétexte qu'il étoit noble, et que Caravage ne l'étoit pas. Celui-ci se rendit à Maltho, où il reçut l'ordre de Chevalerie en qualité de Frère Servant. Il revint à Rome, et voulant alors obliger Josepin de se battre. Heureusement pour ce dernier, il fut délivré des fureurs de cet homme redoutable, qui mourut bientôt après sur un grand chemin sans secours. Il n'est pas surprenant qu'un homme de ce caractère n'ait point eu d'amis et qu'il ait été misérable toute sa vie. Il mangeoit toujours à la Taverne, où n'ayant pas un jour de quoi payer, il peignit l'enseigne du Cabaret, qui fut vendue un très-grand prix.

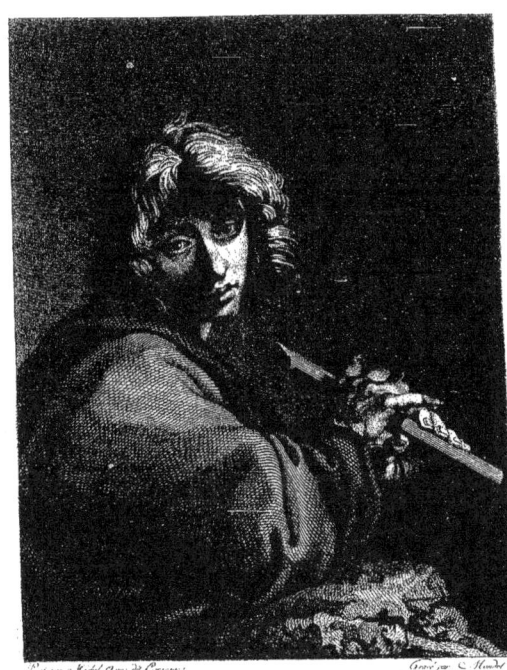

Peint par c. Michel Ange dit Caravage.   Gravé par C. Hemdet

LE FLATEUR.
De la Galerie du Palais d'Orléans
ÉCOLE DE LOMBARDIE.

III.e TABLEAU DE MICHEL-ANGE AMERIGI
SURNOMMÉ LE CARAVAGE

Peint sur Toile, ayant de hauteur 2 Pieds 4 Pouces, sur 1 Pied 11 Pouces de large.

Cette figure de jeune homme qu'on peut considérer comme une des plus savantes productions du Caravage, réunit à l'étonnante vérité du Coloris et au moelleux du Pinceau, une grande intelligence du Clair-Obscur, et toutes les autres perfections qui caractérisent ce grand peintre.

Dans le grand nombre de Peintres qui ont suivi la Manière du Caravage, on distingue Manfrede, le Valentin et le Guerchin. Le Guide lui même a cherché à l'imiter, quoique la route dans laquelle il avoit marché jusques la, fut bien opposé à celle que tenoit le Caravage. Le Dominiquin fut aussi touché de la même manière, mais le goût du Dessin qui lui tenoit attaché et le choix de sa manière, toujours le même dans toutes sortes de Sujets, l'en a détourné.

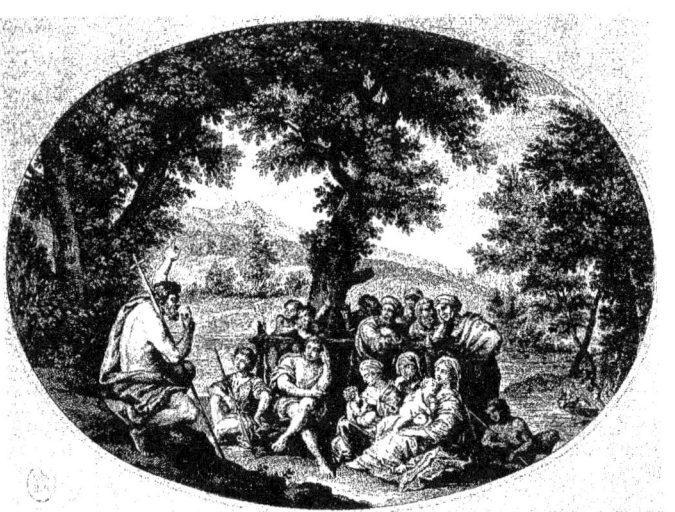

S.T JEAN PRÊCHANT DANS LE DÉSERT.
De la Galerie de S. A. S. Monseigneur le Duc d'Orléans.

ÉCOLE DE LOMBARDIE.

TABLEAU DE FRANÇOIS ALBANE,
Ovale peint sur Cuivre, ayant de hauteur 10 Pouces 6 Lignes, sur 1 Pied 2 Pouces de large.

Monseigneur le Duc d'Orléans possède neuf Tableaux de ce Maître.

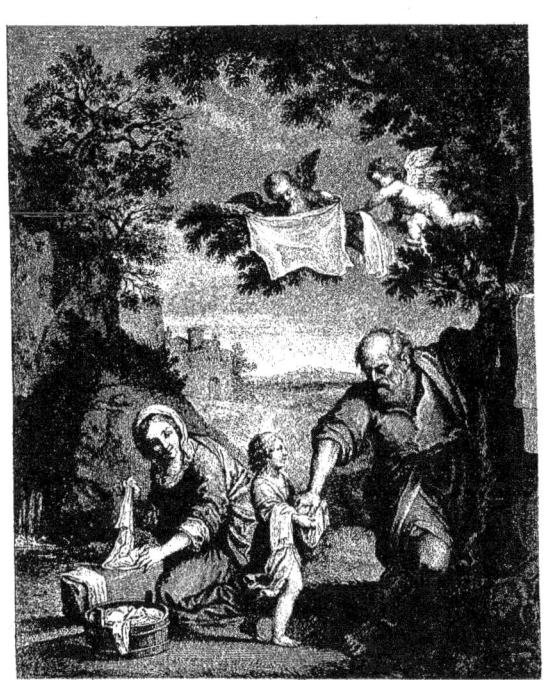

Peint par F. Albanr.   Dessiné par Boul.   Gravé par J. Coulet.
SAINTE FAMILLE.
De la Galerie de S. A. S. Monseigneur le Duc d'Orléans.

ÉCOLE DE LOMBARDIE.

II.e TABLEAU DE FRANÇOIS ALBANE,
CONNU SOUS LE NOM DE LA LAVEUSE.

Peint sur Cuivre, ayant de hauteur 1 Pied 6 Pouces sur 1 Pied 3 Pouces de large.

Ce sujet représente la S.te Vierge qui lave du Linge, et S.t Joseph occupé à l'étendre à un arbre pour le faire sécher. La S.te Vierge est appuyée sur le bord d'une fontaine et porte ses regards sur l'Enfant Jésus qui prend part à ce travail en présentant à S.t Joseph le Linge mouillé. On voit aussi deux Anges qui en étendent sur une branche plus élevée du même Arbre.

Ce Tableau qui est d'un Pinceau suave, d'une couleur brillante et d'un bon goût de Dessin, intéresse indépendamment de l'expression simple et naïve des Caractères.

Ce Tableau a appartenu à feu M. l'abbé de Camps avant de passer dans la Galerie du Palais Royal.

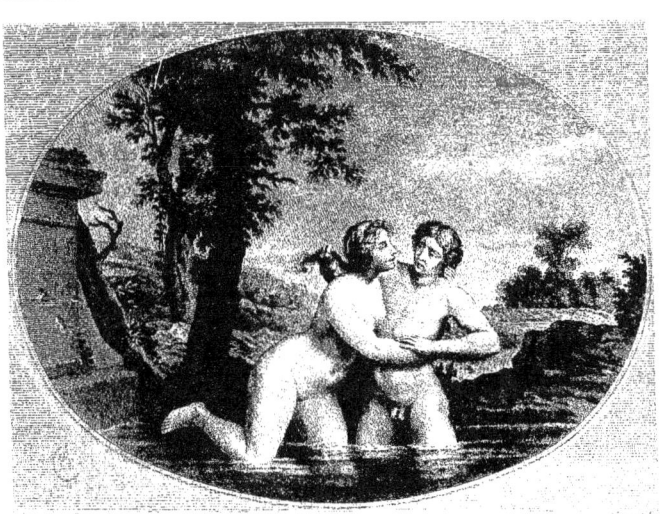

SALMACIS ET HERMAPHRODITE

De la Galerie du Palais d'Orléans.

ÉCOLE DE LOMBARDIE.

IIIe TABLEAU DE FRANÇOIS ALBANE.

Peint sur Toile, ayant de hauteur 1 Pied 9 Pouces, sur 2 Pieds 1 Pouce de large.

Ce Tableau réunit dans la simplicité de sa Composition, les graces naïves du Dessin et la suavité du Coloris, à l'expression douce et intéressante des personnages qui en forment le sujet. Les tons du Paysage, de l'Eau et du Ciel concourent avec intelligence à l'harmonie générale de ce Tableau, où l'on reconnaît la manière et la Touche aimable des bons ouvrages de l'Albane.

Le feuillé de l'arbre qui est derrière le Groupe des deux figures paraît n'être pas de la main de ce Maître et laisse apercevoir que ce charmant Tableau n'est pas pur dans cette partie ainsi que dans quelques autres de moindre importance : il est d'ailleurs assez bien conservé et est fait pour fixer l'attention des Artistes et des Amateurs.

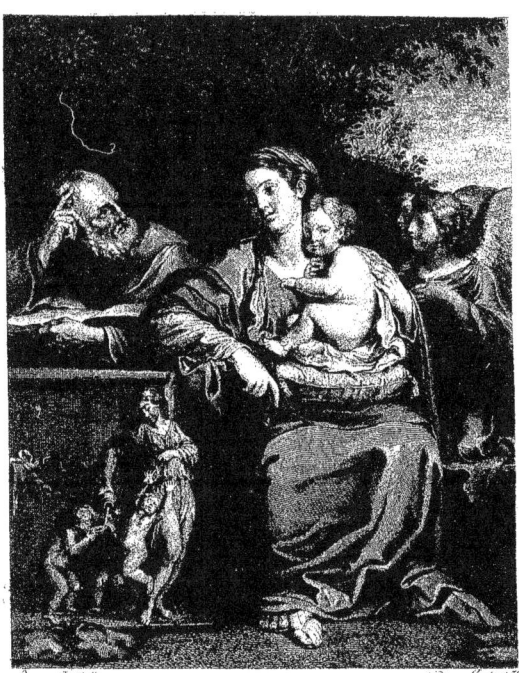

Peint par F. Albane.   Gravé par Langlois le J.

LA SAINTE FAMILLE.

De la Galerie du Palais d'Orléans.

ÉCOLE DE LOMBARDIE.

IVe TABLEAU DE FRANÇOIS ALBANE.

Peint sur Cuivre, ayant de hauteur 1 Pied 2 Pouces, sur 10 Pouces 6 Lignes de large.

Ce Maitre qui excelloit dans des Sujets où des Amours, des Nymphes, des Déesses animoient sa Payasage délicieux, s'est montré supérieur aussi dans le Genre sérieux. l'on a de lui des Tableaux de dévotion où l'Onction qui convient à la Scène, des airs de Têtes gracieux, un Dessin précieux, et un travail extremement fini se trouvent réunis. C'est ce que l'on remarque dans le Tableau que l'on voit ici et qui le fait juger comme étant du meilleur tems de François Albane.

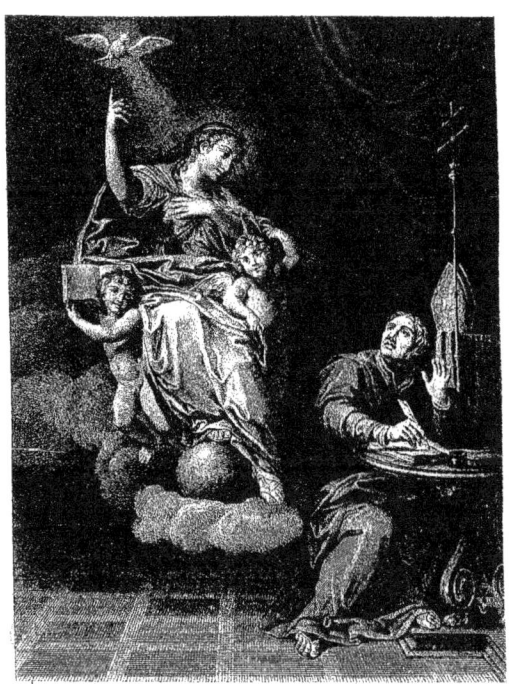

Peint par F. Albane.   Gravures par Patrelain et Levoie par Bousseet.

S. LAURENT JUSTINIEN.

De la Galerie du Palais d'Orléans.

ÉCOLE DE LOMBARDIE.

Vme TABLEAU DE FRANÇOIS ALBANE.

Peint sur Toile, ayant de hauteur 9 Pieds 9 Pouces, sur 5 Pieds 9 Pouces de large.

St Laurent Justinien, premier Patriarche de Venise, naquit le premier Juillet 1381, d'une Maison noble, ancienne et féconde en grands hommes. Il prit l'habit régulier dans le Monastère des Chanoines de St George Inalga, en devint le premier général en 1424, et donna à cette Congrégation d'excellents règlements. Le Pape Eugène IV, le nomma Évêque et premier Patriarche de Venise en 1451. St Laurent Justinien gouverna son Diocèse avec sagesse, et mourut, le 8 Janvier 1455, à 74 ans. On a de lui plusieurs ouvrages de piété.

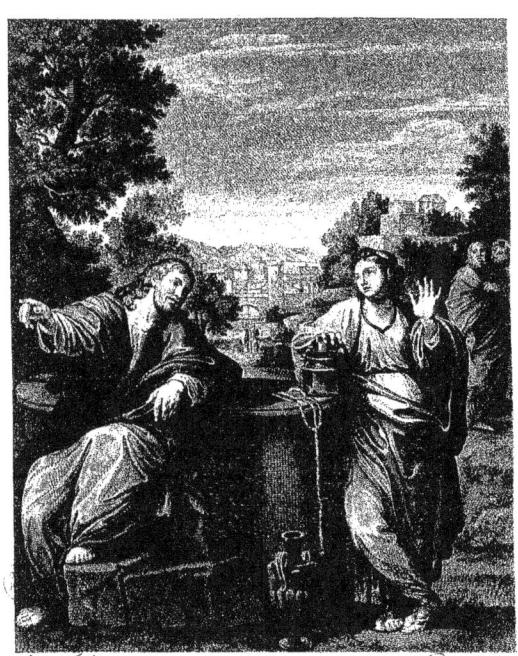

LA SAMARITAINE
De la Galerie du Palais Royal.
ÉCOLE DE LOMBARDIE.

VIme TABLEAU DE FRANÇOIS ALBANE.

Peint sur Cuivre, ayant de hauteur 1 Pied 1 Pouce, sur 10 Pouces 6 Lignes de large.

Le Christ révèle à la Samaritaine les évènemens qu'elle a éprouvés dans le cours de sa vie. Cette femme est étonnée de la Science divine de celui qui lui parle; elle fève une de ses mains en signe d'admiration. Toute sa figure exprime bien les paroles qu'elle prononça, et que l'Evangile rapporte: Vous êtes sans-doute un Prophète; plus loin on aperçoit deux Apôtres. Le fond représente les murailles de Jérusalem.

Ce Tableau sagement pensé, et peint avec facilité, est remarquable sur-tout par un excellent Coloris.

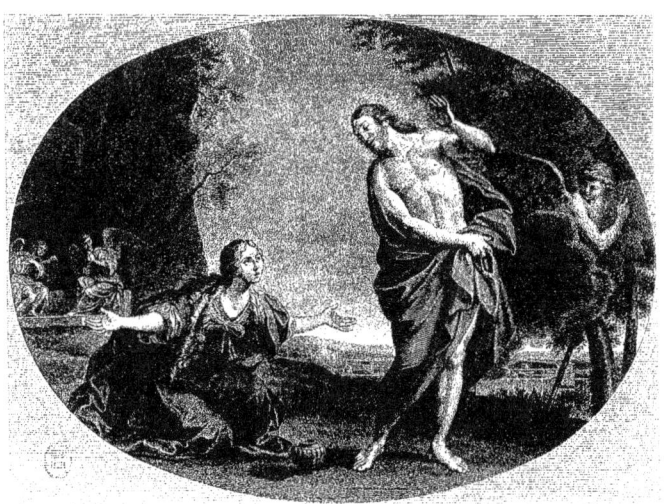

NOLI ME TANGERE.

De la Galerie du Palais Royal.
ÉCOLE DE LOMBARDIE.

VIIme TABLEAU DE FRANÇOIS ALBANE.

Ovale, Peint sur Cuivre, ayant de hauteur 6 Pouces 6 Lignes, sur 9 Pouces de large.

Le Christ apparoît à Madeleine, sous la forme d'un Jardinier, et lui dit n ne me touches point. &c. paroles qui servent de titre à tous les Tableaux où ce Sujet est représenté. La Sainte se prosterne et étend les bras. L'Etonnement et la joie se peignent sur sa figure. Un Ange, à demi caché par un Mirthe, tient la Bêche du Christ. A gauche, on voit la Grotte où le Corps de Jésus avoit été déposé, et deux Anges assis sur la pierre sépulchrale. Le lointain offre un Ciel pur et un Paysage, où l'on apperçoit la Ville de Jérusalem.

Ce Tableau est correctement dessiné, d'un fini précieux, et d'un Coloris admirable.

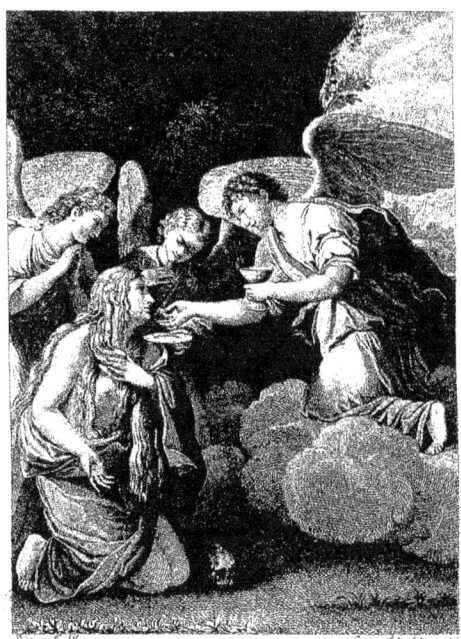

LA COMMUNION DE LA MAGDELEINE.
De la Galerie du Palais d'Orléans.

ÉCOLE DE LOMBARDIE.

VIII.ᵉ TABLEAU DE FRANÇOIS ALBANE.

Peint sur cuivre. — hauteur : dies 5 pouces, largeur 11 pouces.

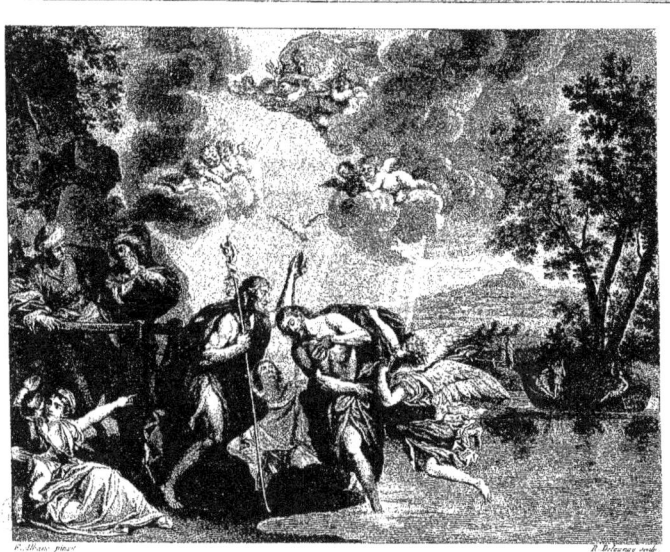

LE BAPTÊME DE NOTRE SEIGNEUR.
De la Galerie du Palais d'Orléans.

ÉCOLE DE LOMBARDIE.

TABLEAU DE FRANÇOIS ALBANE.

Peint sur cuivre, hauteur 2 pieds 3 pouces, largeur 2 pieds 9 pouces.

L'Albane étoit souvent affligé qu'on accordât moins d'estime aux grands tableaux qu'il peignoit, qu'aux petits qu'il avoit recherchés de toutes parts. Le succès du Baptême de Jésus qu'il fit pour l'église de Saint Georges à Bologne, toucha le Louvois, alors grand admirateur du Guide, et tint en suspens les connoisseurs qu'il ne permettait contre l'Albane. Il fit même pour les copistes un dessein très-arrêté de ce tableau qu'il se proposoit de graver à l'eau-forte. Malvasia en rapportant cette anecdote cherche à prouver l'excellence de ce bel ouvrage en ajoutant que M. Coypel passant à Bologne pour y visiter les chefs-d'œuvre que cette ville renferme, fut tellement frappé de sa beauté et de celle du crucifix que le Guide avoit peint pour les capucins que ce furent les deux seuls tableaux dont il fit faire des copies.

On pourroit attribuer à ce succès les nombreuses répétitions que l'Albane fit de ce sujet dont il variait la composition et les accessoires en conservant aux deux figures principales à peu près la même disposition de forme et d'action. Plusieurs de ces tableaux ont été gravés par Dom. Bonaveri, Guill. Vallée, Guill. Chasteau, Léon Audran, &c. Celui de la galerie d'Orléans passe pour être l'un des plus parfaits. Il estoit de Mr. Thevenot dont la collection avoit été acquise par le Régent. L'on croit que c'est le même dont Félibien parle avec éloge, et qui de son temps étoit passé du Cabinet de Mr. le Duc de Lesdiguières dans celui de Mr. le Prince.

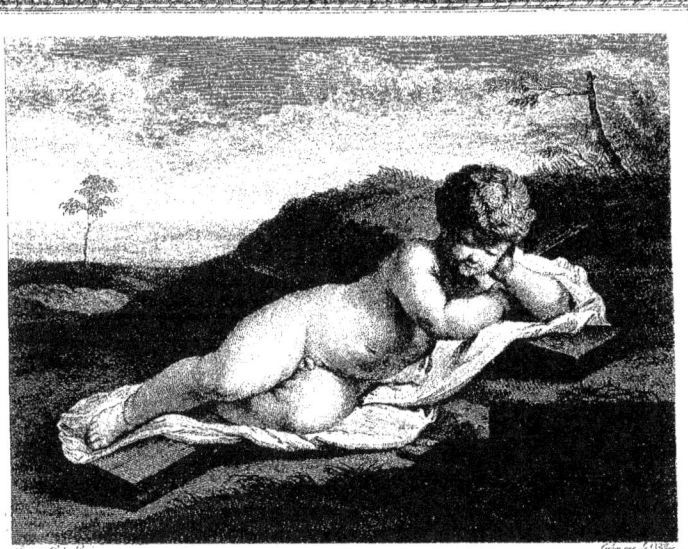

L'ENFANT JESUS

De la Galerie de S. A. S. Monseigneur le Duc d'Orléans.

ÉCOLE DE LOMBARDIE.

TABLEAU DE GUIDO RENI.

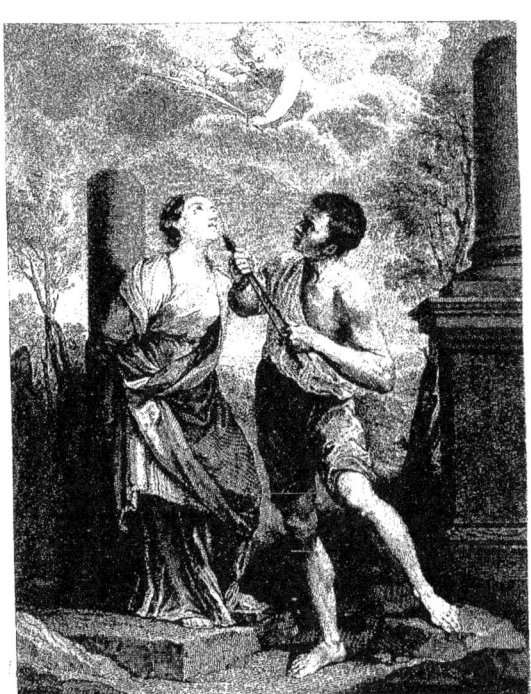

SAINTE APOLLINE.
De la Galerie de S. A. S. Monseigneur le Duc d'Orléans.

ÉCOLE DE LOMBARDIE.

IIe TABLEAU DE GUIDO RENI.

Peint sur Cuivre, ayant de hauteur 1 Pied 4 Pouces, sur 1 Pied de large.

Sainte Apolline, attachée à un pilier et prête à éprouver les tourmens de son Martyre, lève les yeux vers le Ciel. Le geste cruel et menaçant d'un Bourreau n'altère point en elle l'expression sublime de sa patience et de sa foi, qui sont peintes sur son visage. Un Ange lui apporte la Couronne et la Palme du Martyre.

Ce Tableau est une des plus belles productions du Guide : il réunit la beauté et la transparence du Coloris, aux graces de l'expression, à l'élégance du Dessein, et au fini le plus précieux. Il est parfaitement bien conservé.

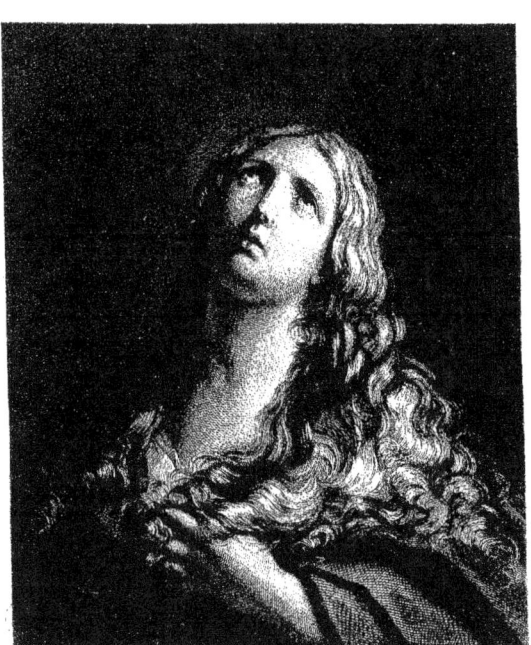

LA MADELEINE.
De la Galerie de S. A. S. Monseigneur le Duc d'Orléans

ÉCOLE DE LOMBARDIE.

IIIe TABLEAU DE GUIDO RÉNI.

Peint sur Toile, ayant de hauteur 2 Pieds 6 Pouces, sur 2 Pieds 1 Pouces de large.

Cette Tête de Madeleine nous offre à la fois toutes les parties dans lesquelles le Guide excelloit, cou-
-leur vigoureuse et suave, pinceau léger et coulant, finesse d'expression, on ne trouve rien à désirer dans cet excel-
-lent Tableau. Il est à remarquer que le Guide excelloit dans les Têtes qui lèvent les yeux vers le Ciel, et l'on dit que
pour mieux y réussir il avoit étudié et dessiné, sous tous les aspects, les Têtes admirables des filles de Niobé dont on
voit les Statues Antiques dans la Vigne de Médicis à Rome.

Ce Tableau avoit appartenu à M. de Seignelay avant de passer dans la Collection des Tableaux du Palais Royal.

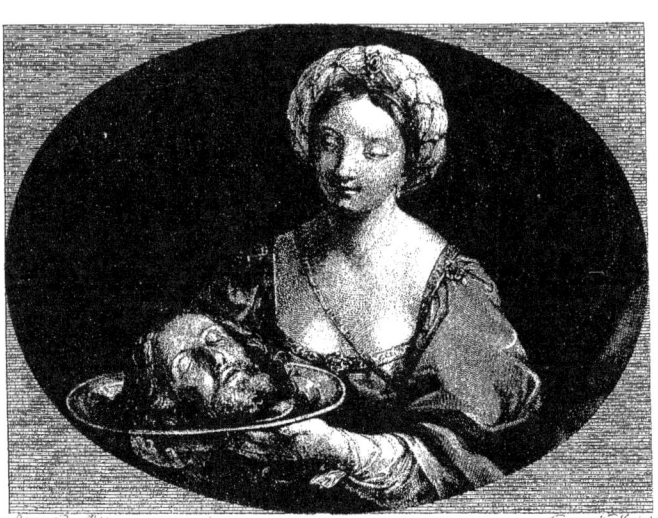

Peint par Guido Reni. HERO—DIADE. Gravé par N.º Muneret

De la Galerie de S. A. S. Monseigneur le Duc d'Orléans.

A. P.   O. S.

ÉCOLE DE LOMBARDIE.

IV.ᵉ TABLEAU DE GUIDO RENI.

Peint sur Toile, ayant de hauteur 2 Pieds 2 Pouces, sur 1 Pied 8 Pouces de large.

Hérodiade ou Hérodias, sœur du Roi Agrippa le grand, et femme de Philipe dernier, fils d'Hérode le grand, quitta son Mari pour épouser Hérode Antipas son beau-frère, ce qui alluma une longue guerre dans laquelle les Juifs furent souvent battus. Cette cruelle Princesse demanda la mort de S.ᵗ Jean Baptiste, parce qu'il s'opposoit à son amour criminel. Elle mourut à Lyon vers l'an 40 de J.C.

Ce Tableau est d'une transparence de Couleur admirable. Les têtes ont un Caractère de Noblesse et de vérité qui étonne, principalement celle de S.ᵗ Jean Baptiste. La touche spirituelle et moëlleuse ne laisse rien à désirer et le fait regarder comme une des belles productions de Guido Reni.

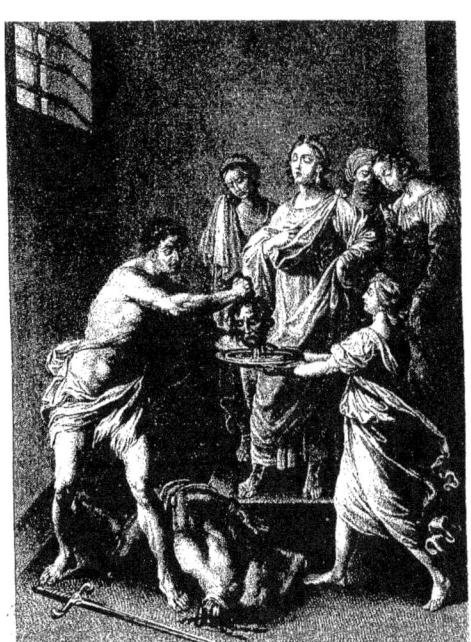

DÉCOLATION DE St JEAN BAPTISTE.
De la Galerie du Palais Royal.

ÉCOLE DE LOMBARDIE.

TABLEAU DE GUIDO RENI.

Peint sur Toile, ayant de hauteur 10 Pieds 2 Pouces, sur 6 Pieds, 9 Pouces de large.

Hérodiade est accompagnée de quatre femmes, dont une reçoit dans un Bassin la tête de St Jean Baptiste qu'apporte le Satellite qui la lui a coupée, la tenant par les cheveux. Le Corps est sur le devant du Tableau dans une attitude ressemée, avec l'Epée qui a servi à cette décollation.

On remarque dans toutes les figures une grande finesse de Dessein, de la noblesse et de l'expression : Les Draperies sont jettées avec beaucoup de goût et de vérité et on peut regarder ce Tableau comme un des plus beaux qui sont sorti de la main de cet habile Artiste.

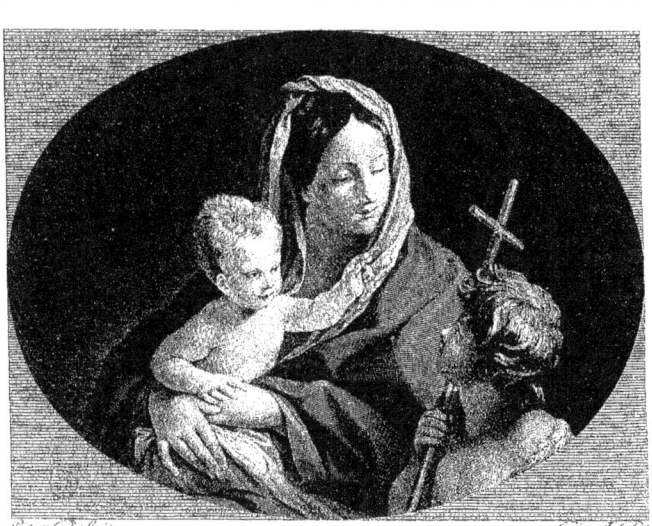

LA VIERGE ET L'ENFANT JESUS.

De la Galerie du Palais Royal.

ÉCOLE DE LOMBARDIE.

N.º 1. TABLEAU DE GUIDO RENI.

Peint sur Toile ayant de hauteur 2 Pieds 2 Pouces, sur 1 Pied 8 Pouces de Large.

La simplicité et l'expression touchante de ce Sujet a exercé les Pinceaux des plus grands Maîtres de toutes les Écoles, et chacun en a varié l'intérêt selon son génie particulier; la Noblesse du Style, les graces du Dessein, le charme du Coloris et le choix des Épisodes concourent à en relever la simplicité et a le rendre toujours neuf.

L'on reconnoit ici l'excellence du Guide dans toutes les parties de ce Tableau; l'expression de la Vierge est pleine de graces et de douceur; elle tient son fils sur ses genoux. Les graces de cet Enfant donnant la bénédiction à St. Jean, sont d'une finesse et d'une naïveté admirables. Une belle union de couleurs, une touche facile et liasse et des Draperies jettées avec autant de goût que d'intelligence donnent à cette production tout l'intérêt dont elle est susceptible et font croire qu'elle est du premier tems où ce Maître abandonna ses premières manières pour se livrer à une autre plus claire, plus gracieuse et plus coulante qui lui attira l'admiration universelle. Ce Tableau est bien conservé.

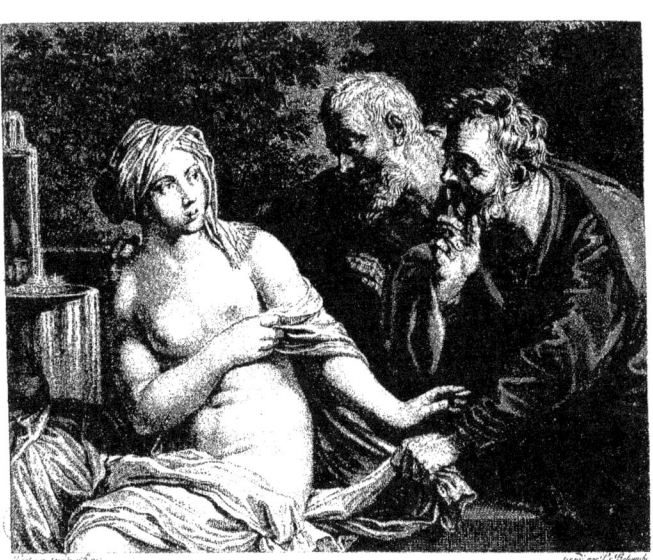

SUZANNE SURPRISE AU BAIN.

De la Galerie du Palais d'Orléans.

ÉCOLE DE LOMBARDIE.

VII.ᵉ TABLEAU DE GUIDO-RENI.

Peint sur Toile, ayant de hauteur 3 Pieds 8 Pouces, sur 4 Pieds 8 Pouces de large.

Ce Sujet qui a exercé les Pinceaux des plus grands Maîtres a donné lieu à une infinité de Compositions variées, mais dans lesquelles on trouve rarement l'Expression de Surprise dont il est susceptible; et l'attitude de Suzanne dans ce Sujet si rebattu, semble presque toujours n'être que celle d'un Modèle complaisamment posé pour l'étude du Peintre.

Si l'on remarque dans ce Tableau cy un peu de froideur d'Expression, cette négligence disparaît sous le charme du gracieux Pinceau de Guide: la tête de la femme est d'un beau Caractère; les Carnations de cette figure réunissent au coloris le plus exquis l'exécution la plus moëlleuse et la plus facile. Les deux têtes des Vieillards sont belles et toutes les parties de cette Composition sont rendues dans ce Stile et ce goût délicieux qui caractérisent les Ouvrages du meilleur tems de ce Maître célèbre.

Ce Tableau est d'une belle Conservation.

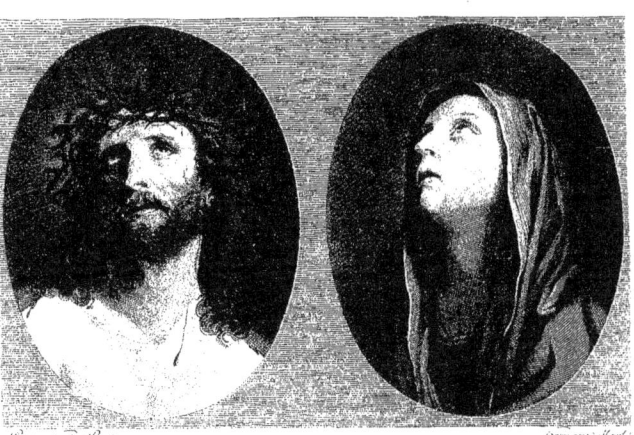

ECCE-HOMO.   MATER DOLOROSA.

De la Galerie du Palais d'Orléans.

ÉCOLE DE LOMBARDIE.

VIIIe ET IXe TABLEAU DE GUIDO RENI.

Peint sur Toile, ayant de hauteur 1 Pied 9 Pouces, sur 1 Pied 4 Pouces de large.

Une Galerie de Tableaux est un Sanctuaire ouvert indistinctement aux productions de l'Art, qui peuvent avoir à l'instruction. L'étonnement que tant de personnes recherchent, dans leur choix, leur fait souvent repousser la plupart des sujets de dévotion rebattus et tout à la fois magnifiques; mais les images les moins imposantes d'un grand Maître sont toujours susceptibles d'un grand intérêt et leur conservation est aussi importante aux yeux de l'Artiste que les compositions les plus historiques ou les plus gaies.

Dans la foule de ses productions Guido Reni a laissé des Monumens bien précieux de l'Art avec lequel il excelloit à peindre des Têtes dans lesquelles l'expression la plus douce et la plus tendre se trouve réunie au goût sublime de son Pinceau.

L'on retrouve dans les deux Têtes que l'on voit ici, tout ce que nous avons déjà dit en parlant de celles qui ont paru dans cette Collection, tous les Caractères auxquels on reconnaît la main du grand Maître: une Touche moëlleuse et facile et un grand Caractère de Dessin justifient le choix qui a fait admettre ces deux morceaux dans une Galerie qui eu vouloit rendre Célèbres.

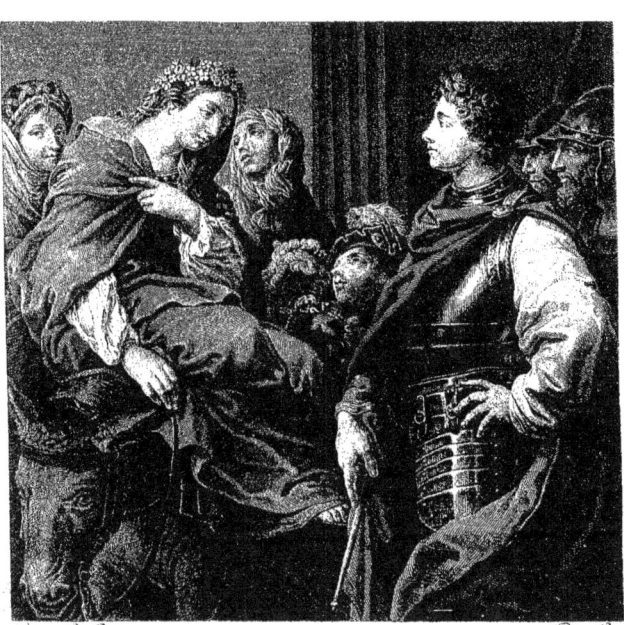

Peint par Guido Reni.   *Gravé par Patas.*

DAVID ET ABIGAIL.
De la Galerie du Palais d'Orléans.
ÉCOLE DE LOMBARDIE.

X.ᵉ TABLEAU DE GUIDO RENI.

Peint sur Toile, ayant de hauteur 4 Pieds 9 Pouces, sur 5 Pieds 11 Pouces de Large.

Abigail, épouse de Nabal, homme avare, brutal, insensé, dont les biens étoient sur le Carmel. David qui avoit toujours eu de grands égards pour Nabal, étant poursuivi par Saül et réduit à une extrême nécessité, lui envoya demander quelques rafraîchissements. Nabal ne répondit que par des paroles offensantes, ce qui fit prendre à David le dessein de l'exterminer avec toute sa maison. Abigail en étant informée, vint au devant de ce Prince, lui apporta des vivres, et calma son ressentiment. David fut si charmé de sa générosité qu'il l'épousa après la mort de Nabal.

Les connoisseurs regardent ce Tableau comme une des belles productions de Guido Reni, les Têtes sur tout sont du plus beau caractère et admirablement bien touchées.

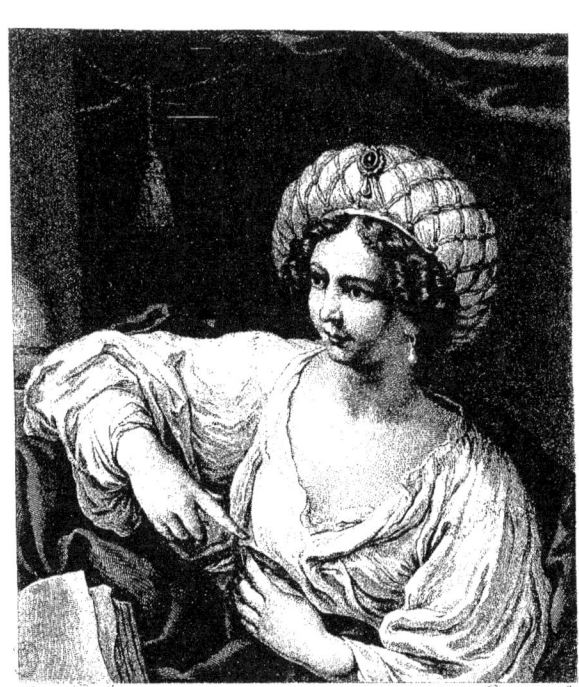

LA SIBYLLE.
De la Galerie du Palais d'Orléans.
ÉCOLE DE LOMBARDIE.

XI.ᵐᵉ TABLEAU DE GUIDO RENI.

Peint sur Toile, ayant de hauteur 2 Pied 4 Pouces, sur 2 Pieds de large.

Le Guide a souvent représenté des femmes remarquables par des ajustemens bizarres, désignées dans les Galeries sous la dénomination vague de Sibylles, afin de satisfaire aux dettes que la passion du jeu lui faisoit contracter; il peignit, pendant quelque tems, pour Saulo Guidotti qui lui donnoit quarante sous (paoli) pour quatre heures de travail; mais, fatigué de l'avarice de ce vieillard que le poursuivoit l'horloge à la main, il rompit le marché après lui avoir donné quatre Évangélistes et trois Sibylles.

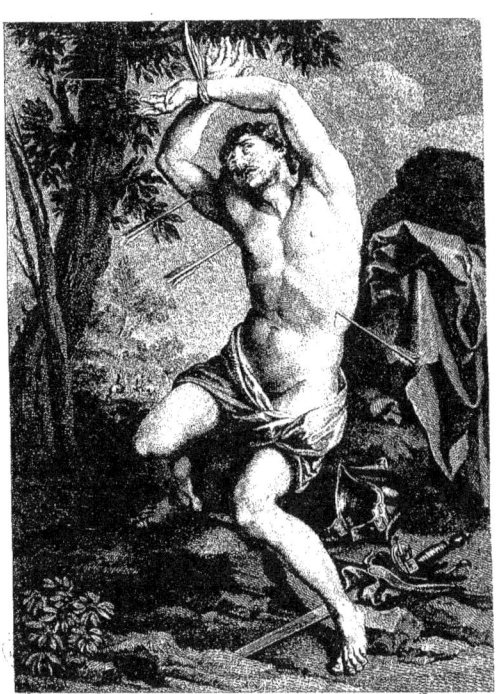

St. SEBASTIEN.
De la Galerie du Palais Royal.
ÉCOLE DE LOMBARDIE.

XIIme TABLEAU DE GUIDO RENI.

Peint sur Toile, ayant de hauteur 7 Pieds 1 Pouce sur 5 Pieds 3 Pouces de large.

Le Saint Martyr est attaché à un Arbre par l'extrémité des bras, sa tête élevée vers le Ciel, exprime sa résignation au milieu des douleurs qu'il éprouve. Son Corps est percé de plusieurs flèches. On retrouve un Casque, et une Épée qu'on voit près de lui indiquent qu'il exerçoit la profession des Armes. On apperçoit dans le lointain quelques hommes à cheval.

La figure du Saint est bien dessinée, et le dessin en est correct. La noirceur qui règne dans plusieurs parties de ce Tableau fait présumer que le Guide le peignit à l'époque où il cherchoit la manière du Caravage.

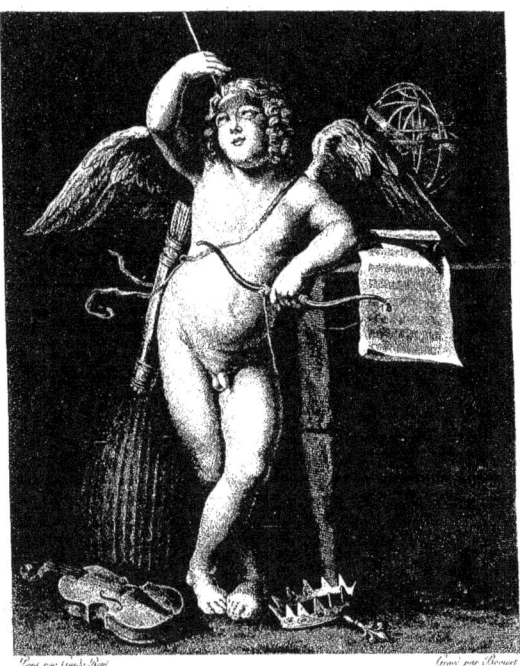

Peint par Guido-Reni.   Gravé par Bosquet.

L'AMOUR.
De la Galerie du Palais d'Orléans
ÉCOLE DE LOMBARDIE.

XIII.ᵉ TABLEAU DE GUIDO-RENI.

Peint sur toile, ayant 4 pieds de hauteur, sur 3 pieds de largeur.

L'Amour armé de son arc et gracieusement accoudé sur un socle antique, regarde avec malice la pointe d'un de ses traits. Derrière lui se trouvent placés une Sphère, un instrument et une feuille de musique; à ses pieds, des Luths à la moderne, un sceptre et une Couronne.

Si l'on ose expliquer l'allégorie de cette composition, les instrumens et la feuille de musique indiquent l'influence de l'amour sur cet art. Le Sceptre et la Couronne désignent sa puissance suprême, et la Sphère, placée sur le socle, l'universalité de son empire.

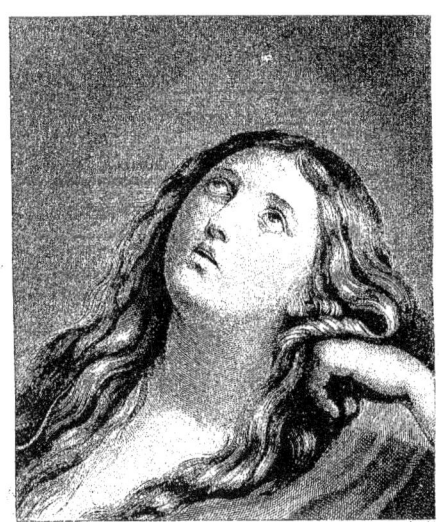

UNE TÊTE DE MADELEINE.
De la Galerie du Palais d'Orléans.

ÉCOLE DE LOMBARDIE.

D'UN TABLEAU DE GUIDO RENI.

Peint sur toile, hauteur 1 pied 4 pouces, largeur 1 pied 2 pouces.

La Madeleine, les yeux tous au ciel, la bouche légèrement entr'ouverte, les cheveux flottans sur la poitrine et la tête penchée sur sa main droite, semble respirer plus l'espérance que le repentir; son affliction est trop légère pour alterer la pureté de ses traits; aussi a-t-on remarqué que le Guide ne pouvait s'empêcher à ses productions les sentimens de la beauté qu'en leur donnant une expression douce et modérée; il faut les comparer entre elles, pour s'apercevoir des nuances qui les distinguent.

Il est assez singulier que cet artiste qui n'eut point d'égal pour peindre de belles femmes ait eu pour elles aussi peu d'inclination. On prétend même qu'il n'ait jamais de commerce intime avec elles. Comment est-il donc parvenu à les rendre aussi séduisantes par un air de candeur et de modestie? Une opinion commune au rapport de Malvasia, était répandue de son tems. Beaucoup de personnes ne doutaient point que la devotion singulière que le Guide portait à la Vierge ne lui eut mérité l'insigne faveur d'une apparition, à l'aide de laquelle quasi point d'Marie aussi belle que modeste, il obtint une supériorité marquée sur tous les artistes qui l'avaient précédé et ôta l'espoir de l'égaler à ceux qui vinrent depuis après lui.

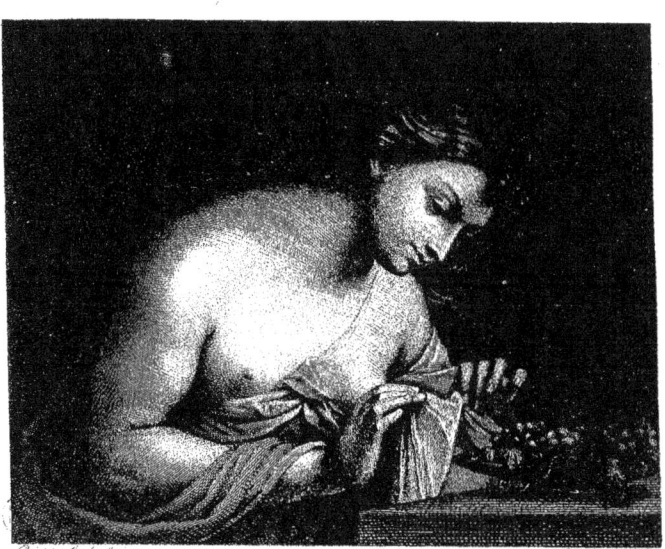

Peint par Guide Reni. Gravé par Hubert.

ERIGONE.
De la Galerie du Palais d'Orléans.

ECOLE DE LOMBARDIE.

XV.ᵉᵐᵉ TABLEAU DE GUIDO RENI.

Peint sur Toile. Hauteur 1 Pied 10 Pouces. Largeur 2 Pieds 1 Pouce.

Erigone, le sein nud, les cheveux à demi épars succombe au désir mêlant qu'elle éprouve de découvrir un vase chargé de grappes de raisin. Cette belle ignore encore que Bacchus pour la séduire a pris la forme du fruit qui la tente. Elle paraît hésiter, mais ses regards avides la trahissent et l'on conçoit qu'elle ne résistera pas longtems au Dieu qui s'est métamorphosé pour lui plaire.

Le Guide dont le génie était facile, imprimait une grace particulière aux femmes et aux enfans qu'il peignait, surtout lorsque choisissant des sujets simples et gracieux il pouvait exprimer sans contrainte les idées qu'il s'était faites de la beauté, ses pensées étaient nobles et gracieuses, ses compositions simples et faciles; l'histoire sainte et profane, la fable et l'allégorie lui fournissaient des scènes agréables qui souvent respiraient la volupté, mais jamais n'effarouchaient la pudeur.

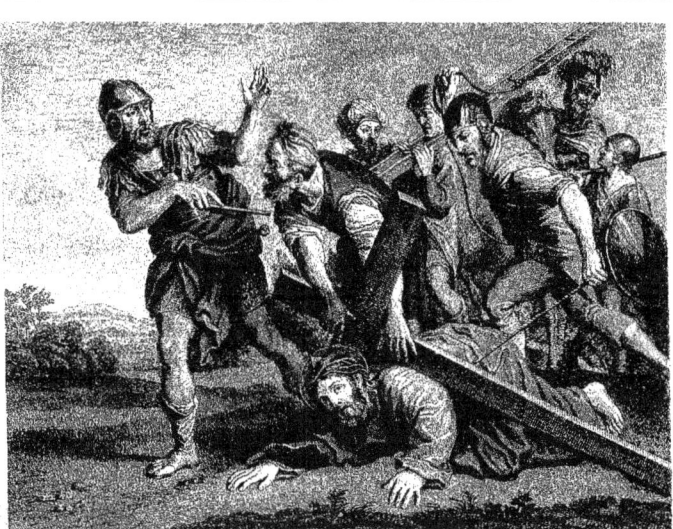

PORTEMENT DE CROIX
De la Galerie de S. A. S. Monseigneur Le Duc d'Orléans

ÉCOLE DE LOMBARDIE.

1.er TABLEAU DE DOMINIQUE ZAMPIERI
DIT LE DOMINIQUIN,

Peint sur Cuivre, ayant de hauteur 1 Pied 8 Pouces, sur 2 Pieds 1 Pouce de large.

Huit Tableaux de ce Peintre font partie de la Collection du Palais Royal.

La disposition par rapport au Clair-Obscur et aux autres parties si essentielles à l'effet et à l'harmonie, n'est pas des moins à entendre dans ce Tableau; mais la simplicité des attitudes, l'expression et la vérité des Caractères, avec une grande pureté de Dessein, le feront toujours remarquer des Connoisseurs: l'expression de Jesus-Christ est sublime.

Ce Tableau qui vient du Cabinet de M.r de Seignelay, est très-bien conservé. De Piles parle d'un autre Tableau du Dominiquin, représentant le même sujet, qui appartenoit à l'Abbé de Camps. Peut-être est-ce le même qui a été possédé par différentes personnes?

Dominique Zampieri, dit Le Dominiquin naquit à Bologne en 1581 d'une famille honnête. Il entra dans l'École des Carraches, où il ne donna pas d'abord une idée fort avantageuse de ses Talens. Sa conception étoit lente, les Desseins qu'il faisoit pour ses études lui coûtoient tant de peine et de travail, que ses camarades le railloient comme un homme qui perdoit son temps. Ils disoient que ses Tableaux étoient labourés à la Charüe, et ils l'appelloient le Bœuf. Annibal Carrache, qui avoit démêlé son caractère, et connu la portée de son esprit hardi, mais juste et réfléchi, en porta un jugement bien différent. Il dit à ces Disciples que ce Bœuf à force de labourer, rendroit son Champ si fertile qu'un jour il nourriroit la Peinture.

Cette Prophétie a été exactement accomplie. Le Dominiquin est devenu un des plus grands Peintres dont les Siècles modernes puissent se glorifier. Le Poussin mettoit son Tableau de la Communion de S.t Jérôme, qui est dans l'Église de ce S.t à Rome, parmi les trois plus beaux Tableaux qui sont dans cette Capitale du Monde Chrétien. Les autres deux étoient, selon lui, la Transfiguration de Raphael, et la Descente de Croix de Daniel de Vollerre. Le Poussin avoüoit que pour l'expression il ne connoissoit pas de plus grand Peintre que Le Dominiquin.

Ce célèbre Artiste mourut à Naples, en 1641, âgé de 60 ans, des suites des chagrins que des envieux jaloux de sa gloire lui occasionnèrent.

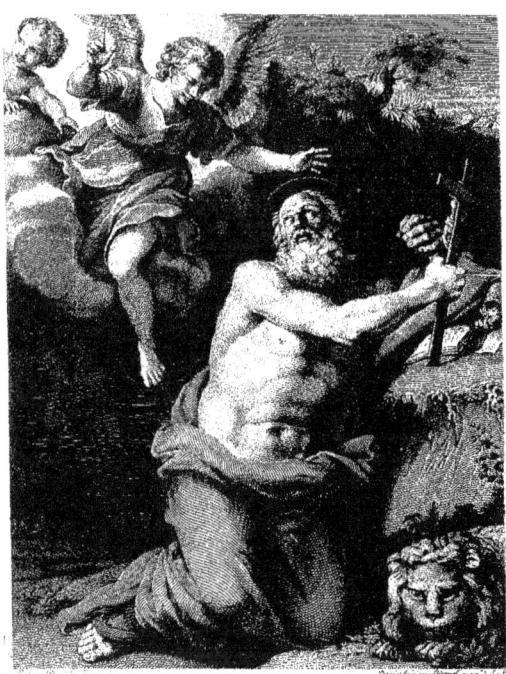

SAINT JEROME.
De la Galerie de S. A. S. Monseigneur le Duc d'Orléans.

ÉCOLE DE LOMBARDIE.

III.ᵐᵉ TABLEAU DE DOMINIQUE ZAMPIERI
DIT LE DOMINIQUIN.

Peint sur Cuivre, ayant de hauteur 1 Pied 6 Pouces 6 Lignes, sur 1 Pied 2 Pouces de large.

La célébrité du Dominiquin suffisoit seule pour faire l'éloge du Tableau, dont on voit ici l'estampe; mais il faut ajouter qu'il paroît être du meilleur temps de ce Maître; il est un exemple frappant de sa manière de peindre les petits Tableaux, sans sécheresse, grand succès dans les lumières, tons harmonieux, et au total effet ferme et vigoureux; voilà ce qui distingue celui-ci. Le caractère de tête de S.ᵗ Jérôme exprime bien l'admiration et l'extase, et les airs de têtes des deux Anges respirent un sentiment de douce complaisance, sanctifié par l'innocence et la pureté. Ce Tableau a de plus l'avantage de la plus parfaite conservation.

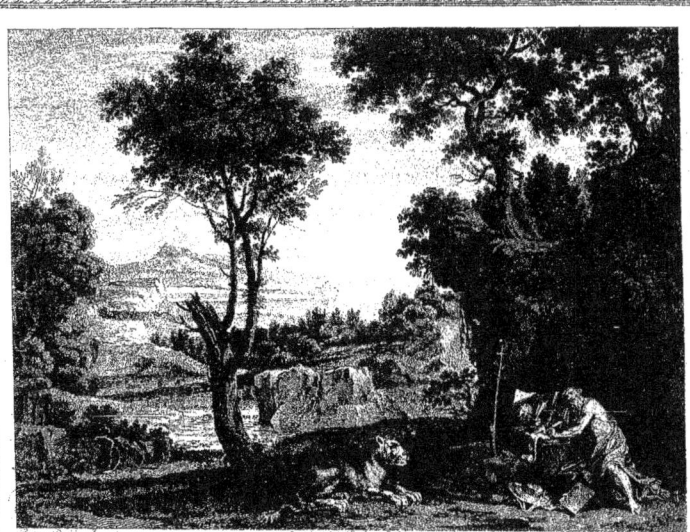

SAINT JÉRÔME DANS LE DÉSERT.
De la Galerie de S. A. S. Monseigneur le Duc d'Orléans.

ÉCOLE DE LOMBARDIE.

III.e TABLEAU DE DOMINIQUE ZAMPIERI,
DIT LE DOMINIQUIN.

Peint sur Bois, ayant de hauteur 1 Pied 1 Pouces, sur 1 Pied 10 Pouces de large.

On reconnoît dans le Tableau dont il est ici question, que Le Dominiquin, élève des Carraches, avoit aussi puisé dans leur École les principes et le goût du Paysage historique, sur-tout par les Ouvrages d'Annibal Carrache. Il avoit senti combien ce genre est utile au Peintre d'Histoire, et combien ces deux genres réunis se prêtent de secours mutuels. C'est principalement dans l'étude du Paysage que le Peintre observateur reçoit des leçons de la Nature, et qu'elle lui dévoile en grand le mystère de la perspective aérienne qui est de tous les genres, et sans laquelle il ne peut exister ni harmonie ni effet sur la Toile.

Le Dominiquin, dans ce Tableau de S.t Jérôme au désert, a pour ainsi dire fait disparoître l'austérité du sujet par un Paysage intéressant, par la richesse et la variété de ses plans, et par la beauté de l'effet. Un ton de couleur harmonieux, des contrastes piquants, une grande manière d'exécution, placent ce tableau au rang des meilleurs de ce genre, composés par Le Dominiquin. On désireroit seulement que la touche du feuillé fût moins lourde et moins la même par-tout; mais il faut considérer ici la Nature prise en grand, et observer que le feu de l'enthousiasme excluoit les recherches de détails, quoiqu'ils soient essentiellement du ressort des Peintres de Genre.

L'intérêt ne touchoit pas ce grand Artiste; il ne travailloit que pour la gloire. Quelqu'un lui faisant des reproches sur sa grande exactitude qui lui faisoit perdre beaucoup de temps, «c'est pour moi seul, répondit-il, et pour la perfection de l'Art que je travaille».

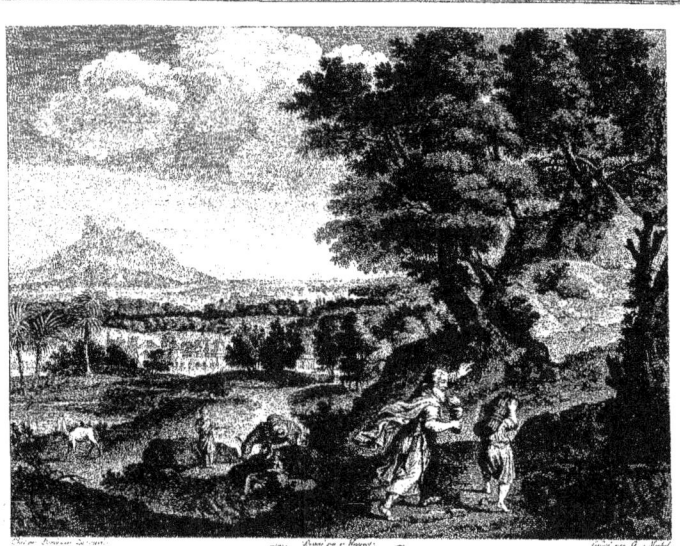

LE SACRIFICE D'ISAAC.
De la Galerie de S. A. S. Monseigneur le Duc d'Orléans.

ÉCOLE DE LOMBARDIE.

IXe TABLEAU DE DOMINIQUE ZAMPIERI
DIT LE DOMINIQUIN.

Peint sur Cuivre, ayant de hauteur 1 Pied, sur 1 Pied 3 Pouces de large.

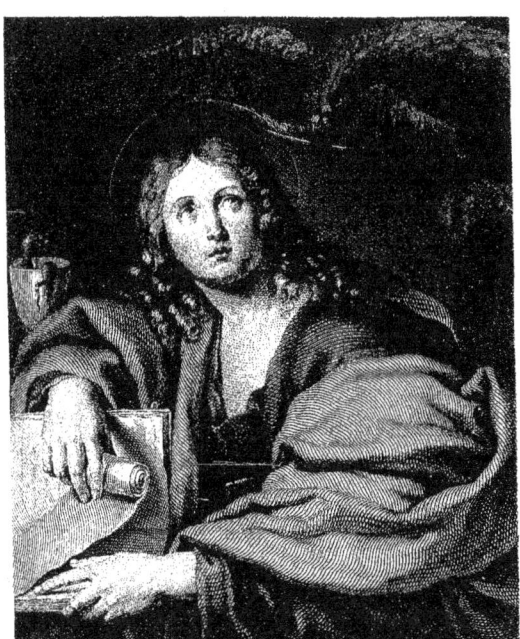

S.^T JEAN L'EVANGELISTE.

De la Galerie de S. A. S. Monseigneur le Duc d'Orléans.

ECOLE DE LOMBARDIE.

TABLEAU DE DOMINIQUE ZAMPIERI,
DIT LE DOMINIQUIN.

Peint sur Toile, ayant de hauteur 2 Pieds 11 Pouces, sur 2 Pieds 3 Pouces de largeur.

Saint Jean est représenté à mi-corps, sous la figure d'un jeune homme, les mains appuyées sur un Livre sacré. Sa tête levée et ses yeux fixés vers le Ciel, indiquent l'instant où il est inspiré, et où il reçoit ses Révélations. On voit au-dessus de lui un Aigle tenant une plume dans son bec, symbole de l'élévation de ses pensées et de la sublimité de ses connaissances. Indépendamment du mérite de l'expression qui caractérise la douceur et la candeur de cet Apôtre, ce Tableau qui est du meilleur tems du Dominiquin, est d'un Pinceau moelleux et hardi, d'une belle transparence de couleur, et d'un Dessin pure et correct : il est bien conservé.

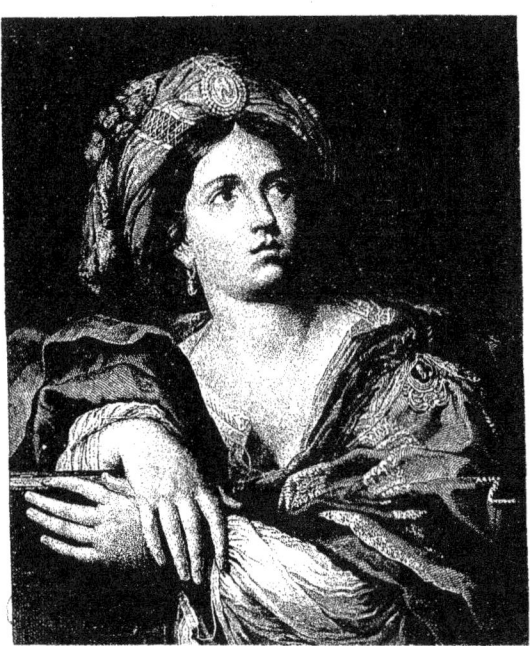

Peint par Dominique Zampieri. LA SIBILLE. Gravé par Patillons.

De la Galerie du Palais Royal.

ÉCOLE DE LOMBARDIE.

IVe TABLEAU DE DOMINIQUE ZAMPIERI.

DIT LE DOMINIQUIN.

Peint sur Toile, ayant de hauteur 2 Pieds 4 Pouces, sur 2 Pieds 1 Pouce de large.

Ce Tableau représente une Sibylle, les Mains appuyées sur un Livre, le regard fixe et l'expression d'une femme inspirée. Le style du Dessin, la Noblesse du caractère et la beauté du Pinceau donnent à cette production du Dominiquin un rang distingué parmi ses autres Ouvrages. Les Draperies sont d'une grande richesse et le Coloris d'une suavité admirable, toutes les parties sont de la plus belle exécution et d'une touche de Pinceau délicieuse.

Il est de la plus belle conservation.

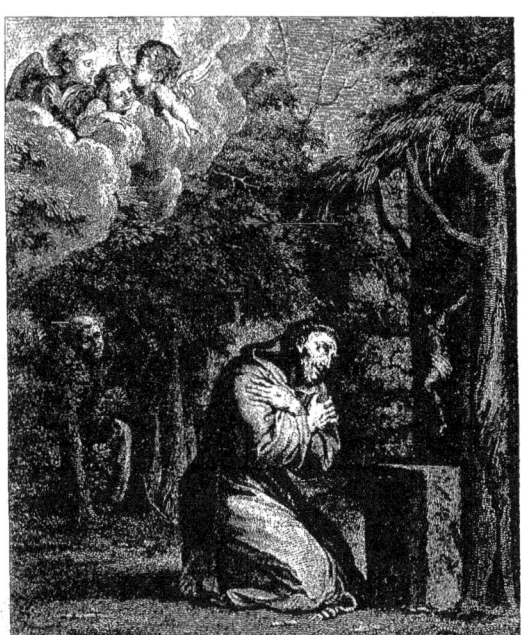

Peint par Dominique Zampieri.   *Gravé par Pelissier.*

St FRANÇOIS.
De la Galerie du Palais d'Orléans.
ÉCOLE DE LOMBARDIE.

VIIe TABLEAU DE DOMINIQUE ZAMPIERI,
DIT LE DOMINIQUAIN.

Peint sur Cuivre, ayant de hauteur 1 Pied 6 Pouces, sur 1 Pied 2 Pouces de large.

Le Style simple et rustique de cette Composition convient parfaitement à la piété du Sujet et à un lieu consacré au recueillement et à la prière. Zampieri s'est attaché surtout à faire ressortir davantage l'Expression d'humilité et de ravissement dont le principal personnage de son Tableau est pénétré. St François paroit embrasé du feu de l'Amour Divin en contemplant l'Image de son Rédempteur crucifié; cette Expression est sublime et cependant il semble qu'il n'en ait rien coûté à l'Artiste pour le produire, tant elle est naïve et facilement prononcée. Dans l'éloignement sous des Arbres, on voit un pauvre Religieux qui observe dans le silence et avec admiration cet Exemple d'une sainte ferveur; au-dessus de lui sont trois Chérubins descendus du Ciel sur un Nuage. L'Effet de ce Tableau est suave et du meilleur ton de couleur de son célèbre auteur.

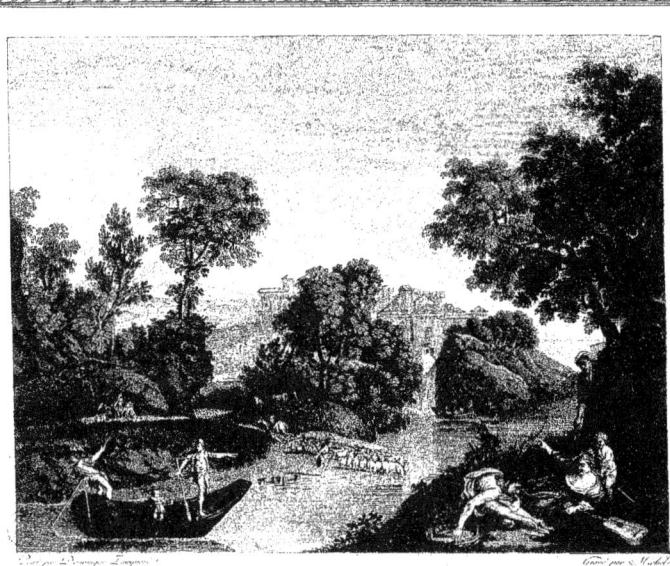

Peint par Dominique Zampieri. Gravé par Massard.

LES MARINIERS.

De la Galerie du Palais Royal.
ÉCOLE DE LOMBARDIE.

VIII.ᵉ TABLEAU DE DOMINIQUE ZAMPIERI,
DIT LE DOMINIQUIN.

Peint sur Toile, ayant de hauteur 3 Pieds 9 Pouces, sur 5 Pieds 3 Pouces de large.

Ce Site très agréable et très varié paroit être une Vue d'après nature. Des fabriques ornées à l'antique s'élèvent sur des Rochers et dominent la Campagne voisine. Sur le devant, une femme couchée tient à sa main une Quenouille et un pêcheur lui présente quelques poissons. On voit près d'eux une autre femme et un enfant. De l'autre côté est une Barque conduite par deux hommes. Une autre Barque arrêtée près d'une Cascade, un Berger qui fait boire ses Troupeaux, des Pâtres et des Voyageurs servent à répandre plus de mouvement et d'intérêt dans ce joli Tableau.

Le feuillé des Arbres et les Terrasses sont touchés avec sentiment; la Couleur est vigoureuse, et l'ouvrage, en général, ne laisse à désirer qu'un peu plus de légèreté dans le Pinceau.

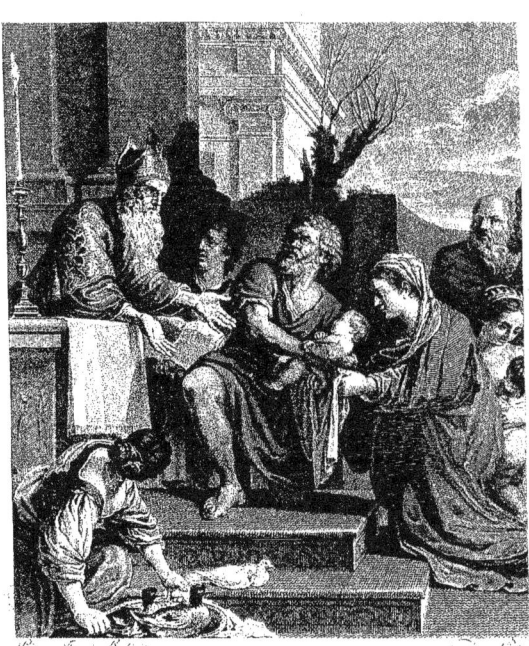

Peint par François Barbieri.   *Gravé par Patas.*

LA PRÉSENTATION DE JÉSUS AU TEMPLE.

De la Galerie du Palais Égalité.

ÉCOLE DE LOMBARDIE.

1.er TABLEAU DE FRANÇOIS BARBIERI,

SURNOMMÉ LE GUERCHIN DA CENTO.

Peint sur Cuivre, ayant de hauteur 2 Pieds 3 Pouces, sur 2 Pieds de large.

Ce Tableau est un des plus précieux que l'on puisse voir de ce Maître: la perfection dans les caractères, un grand accord de dessin, de la fermeté et de la transparence dans le coloris se trouvent réunis à la beauté et au moelleux du pinceau. C'est un ouvrage étudié et fini, qui a en même tems l'esprit et la facilité que l'on admire dans les ouvrages de F. Barbieri.

Barbieri naquit à Cento près Bologne en 1590 et est mort en 1666. Il fut surnommé Guerchin parce qu'il étoit louche. Il commença à étudier son Art à 8 ans sous des Maîtres médiocres, mais il se perfectionna ensuite dans l'école des Carrackes, dont il ne put point les manières. Il eut d'ailleurs un goût naturel qui lui faisoit voir les effets de la Nature fortement prononcés, surtout dans les ombres. Sa première manière se rapprochoit assez de celle du Caravage, qui lui plaisoit; celle de Guide et de l'Albane lui paroissoient froides et indécises, mais il se détermina par la suite à mettre plus de douceur et de transparence dans ses Tableaux, n'ignorant-il, pour plaire au plus grand nombre, qui ne s'y connoît pas, mais qui sait voir l'idéale. Personne n'a travaillé avec plus de facilité et de promptitude que lui, et amassé de grands biens et savoit en user souverainement avec ses Amis.

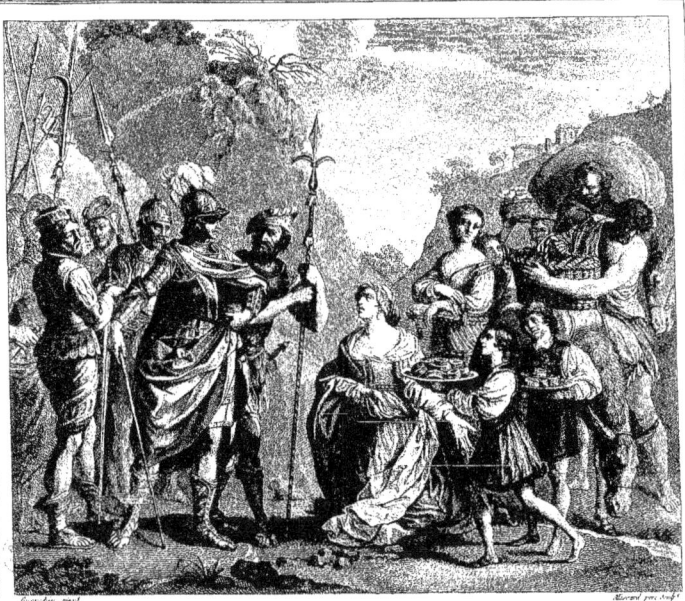

DAVID ET ABIGAIL.
De la Galerie du Palais d'Orléans
ECOLE DE LOMBARDIE

TABLEAU DE JEAN FRANÇOIS BARBIERI
DIT LE GUERCHIN

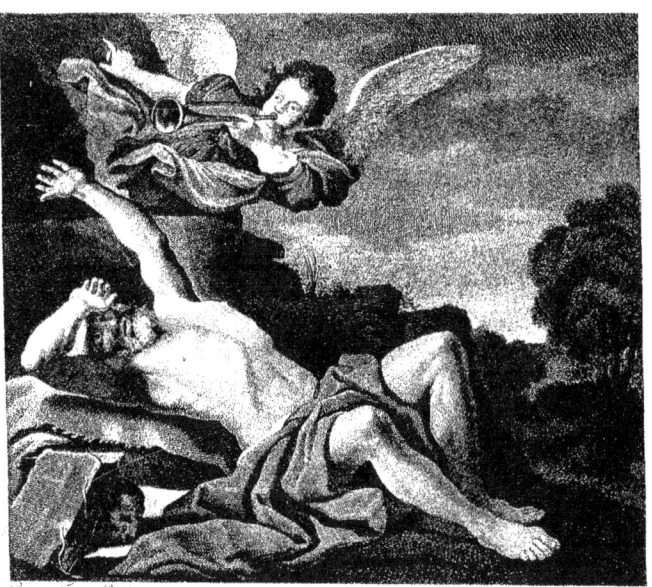

Peint par François Barbieri. Gravé par Coiny.

ST JÉRÔME

De la Galerie du Palais d'Orléans.

ÉCOLE DE LOMBARDIE.

D'UN TABLEAU DE FRANÇOIS BARBIERI

SURNOMMÉ LE GUERCHIN DE CENTO.

Peint sur toile ayant 4 pieds 2 pouces de largeur sur 5 pieds 2 pouces de hauteur.

St. Jérôme est représenté dans le désert, couché sur une simple natte, et se recueillant au son de la trompette de l'ange. Le Père de l'Église, échappé naguère aux les secrets brûlants de la Chalcide en Syrie, fuyant le tumulte et la corruption de Rome, se livrait cependant encore au cauchemar et au sueur, malgré la violence des passions qu'il avait vaincues de la nature. Tourmenté dans cette solitude par des souvenirs et des désirs déréglés, son âme sans cesse agitée par les craintes du jugement universel, il se réveille tout tremblant à la suite d'un songe croyant entendre la trompette de l'ange annonçant le jour de justice.

La plus grande force de couleur et d'expression, donne à ce tableau un rang distingué dans la Collection. Il est par erreur dans le Catalogue attribué à Pierre Buonaccorsi; une pareille composition à quelques changements près, qui se voit au Musée Napoléon, nous oblige de rendre ce tableau à son véritable auteur.

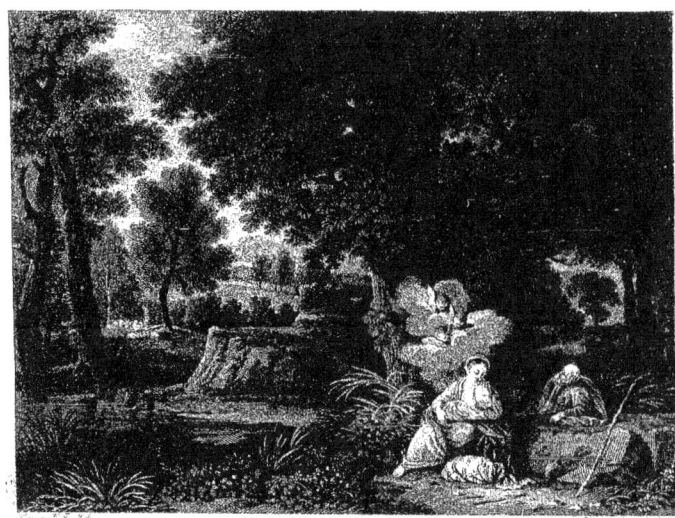

LE REPOS EN EGYPTE
De la Galerie de S.A.S. Monseigneur le Duc d'Orléans.

ÉCOLE DE LOMBARDIE

TABLEAU DE PIERRE FRANÇOIS MOLA
DIT LE MOLE.

Peint sur Toile, ayant de hauteur 2 Pieds 6 Lignes, sur 3 Pieds 4 Pouces de large.

Monseigneur le Duc d'Orléans possède quatre Tableaux de ce Maître.

Le Repos en Égypte est remarquable par le chaud de la couleur, le bon ton d'harmonie et le moelleux du pinceau; le Paysage est bien gazé et d'un pinceau admirable.

Pierre François Mola naquit à Coldré dans le Milanais, en 1621. Son Père, qui était Peintre et Architecte, fit son premier élève dans l'Art de la Peinture et peu ensuite des leçons du Cavalier Joseppin et de l'Albane, qui frappés de son mérite voulurent lui donner sa fille en mariage; mais l'amour de l'indépendance fit rejeter à Mola cette proposition et il se rendit à Venise où il acquit un Coloris vigoureux par les conseils du Guerchin, et en étudiant les Ouvrages de Titien et du Tintoret. Son séjour à Rome ne lui devint pas moins pour son Coloris. Chef à la Académie de S.t Luc, honoré de la protection des Papes et des Princes Romains, estimateur des Beaux-Arts, il reçut aussi de grands bienfaits de la Reine Christine de Suède, qui le mit au nombre de ses officiers. Il composa plusieurs Tableaux dans cette Ville, un de ceux qui donnent la plus haute idée de son talent est celui qu'il fit par ordre d'Alexandre VII, et qu'on voit dans la Galerie de Palais de S.te Marie Majeure, à Monte Cavallo, et représente Joseph se faisant reconnaître à ses frères. Ce Tableau suscita les éloges de tous les Connaisseurs, et le Pape qui en vint de moment en fit lui-même si satisfait, qu'en choisissant Mola pour faire son portrait, il voulut qu'il fut seul et couvert pendant tout le temps qu'il y travailla en sa présence. Cette faveur si marquée anima sans doute la jalousie contre lui, et les intrigues des Malveillants avouent si fort sensible, au ce du moins doute de la souffrance jusqu'au avait qu'il mourut de chagrin en 1666, âgé seulement de 45 ans, dans le temps qu'il se disposait à partir de Rome pour la France où il était invité.

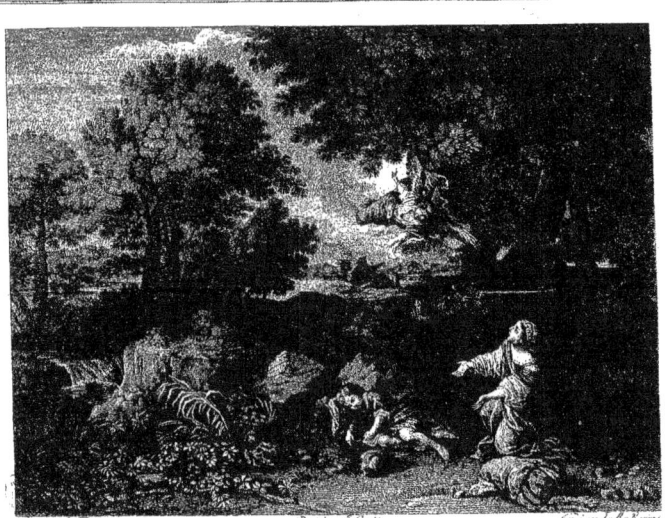

AGAR ET ISMAEL.
De la Galerie de S.A.S. Monseigneur le Duc d'Orléans.

ÉCOLE DE LOMBARDIE.

IIe TABLEAU DE PIERRE FRANÇOIS MOLA,
DIT LE MOLE.

Peint sur Cuivre, ayant de hauteur 10 Pouces, sur 1 Pied 1 Pouce de large.

Ce Tableau qui fait pendant au précédent, ne lui est pas inférieur en beauté tant pour la vigueur du Coloris que pour le moëlleux du Pinceau et le grand effet. Il représente Agar et Ismaël son fils chassés de chez Abraham.

Le Peintre a pris l'instant où Agar, après avoir erré longtems dans la solitude de Bersabée et manquant d'eau pour désaltérer son fils, le laisse couché sous des arbres à quelque distance et se met à pleurer, en disant: je ne verrai pas mourir mon Enfant! Un Ange lui apparoit, et lui annonce les desseins de Dieu sur Ismaël, et lui indique un lieu près de là où il y a de l'Eau.

Ce Sujet, comme on le voit, n'est presque que l'accessoire du Tableau, le Paysage en fait tout l'interest: c'est ce que l'on rencontre ausssi dans les Compositions de ce Maître.

On ne peut trop admirer la belle manière qui règne dans tous les Ouvrages de Pierre François Mola. Cet habile Artiste possédoit au plus haut degré l'Art du Coloris et des grands effets. Ses Sites sont toujours riches et bien choisis, sa touche moëlleuse, large et spirituelle, et l'harmonie qui résulte de toutes les parties font regarder ce Maître comme un des plus grands Paysagistes de l'École Italienne. Ses Tableaux sont recherchés et font l'ornement des plus beaux Cabinets de l'Europe.

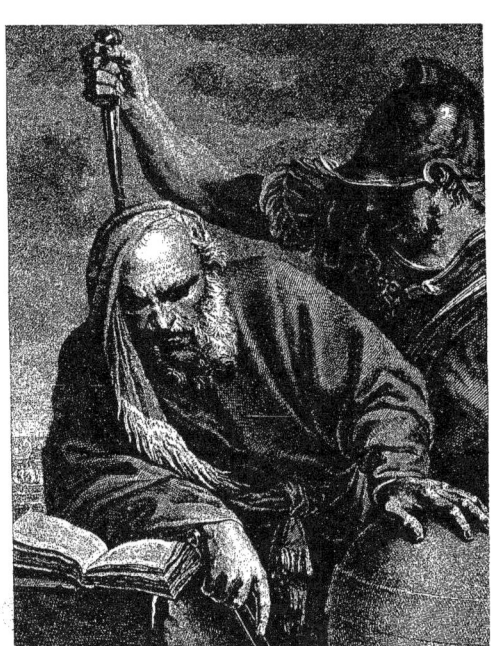

Peint par P.o Fo Mola. Dessiné par Borel. Gravé par S. Vessee.

MORT D'ARCHIMEDE.

De la Galerie de S. A. S. Monseigneur le Duc d'Orléans.

ÉCOLE DE LOMBARDIE.

III.e TABLEAU DE PIERRE FRANÇOIS MOLA,
DIT LE MOLE.

Peint sur Toile, ayant de hauteur 3 Pieds 11 Pouces, sur 3 Pieds de large.

Archimède, le plus grand Mathématicien de son tems, par l'invention de ses Machines prolongea long-tems le Siège de Syracuse contre Marcellus. On dit même qu'il trouva le moyen de brûler les vaisseaux de ce Général avec des Miroirs ardens. Il fut tué à la prise de cette Ville par un Soldat qui ne le reconnut point tandis qu'il étoit profondément appliqué à l'étude des Mathématiques, 208 ans avant Jésus-Christ.

On admire dans ce Tableau le bon ton de couleur, la Touche large et moëlleuse, et le grand effet. On regrette qu'il ne soit pas mieux conservé.

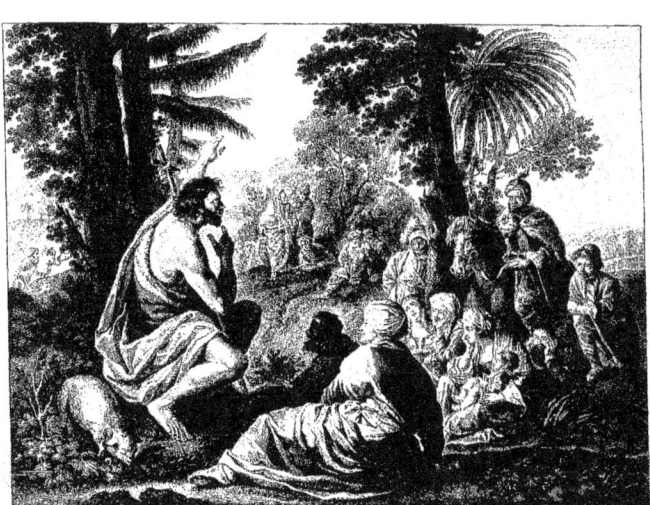

St. JEAN PRECHANT
De la Galerie du Palais d'Orléans.

ÉCOLE DE LOMBARDIE.

N.º TABLEAU DE PIERRE FRANÇOIS MOLA,
DIT LE MOLE.

Peint sur toile, ayant de hauteur 3 pieds, sur 3 pieds 3 pouces de largeur.

Saint Jean-Baptiste est representé vêtu d'une peau de chameau et d'une draperie d'écarlate, tenant sa houlette surmontée d'une croix, et ayant auprès de lui son agneau, emblèmes qui le caractérisent; il est assis sur une butte d'où il annonce la parole divine. En face et sur un terrain plus bas sont rangés ses auditeurs de tout âge, de tout sexe et de tout état, qui lui prêtent tous la plus grande attention. Les attitudes variées et l'expression des figures sont du plus beau choix et de la plus grande vérité.

Ce tableau est reputé des connaisseurs comme une des plus belles productions de ce maître. Une composition savante et judicieuse, un ton de couleur ferme et vigoureux, une touche fine et spirituelle, un paysage riant et varié, lui assignent un rang distingué dans cette collection.

Ce tableau appartenait à M.º de Bretevil avant de passer dans cette galerie.

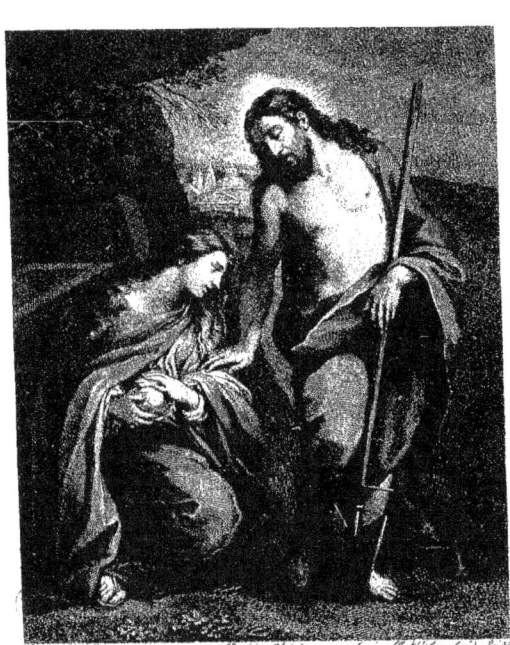

Peint par Carlo Cignani.   Dessiné par Vauzelne.   Gravé par Chat. N.ᵉˡ Simon Grav. du Roi &.

JESUS-CHRIST ET LA MADELEINE.

De la Galerie de S. A. S. Monseigneur le Duc d'Orléans.

ÉCOLE DE LOMBARDIE.

TABLEAU DE CARLO-CIGNANI.

Peint sur Cuivre, ayant de hauteur 11 Pouces sur 7 Pouces de large.

Monseigneur le Duc d'Orléans ne possede que ce Tableau de Carlo Cignani.

Une touche large et sçavante, un ton de Couleur chaud et vigoureux font regarder ce Tableau comme une des meilleures productions de Carlo Cignani.

Ce Peintre naquit à Bologne en 1628 il fut élève de l'Albane, sous lequel il fit de grands progrès. Sa manière a de la noblesse et de l'expression, et tient de celle du Corrège, du Titien et des Carraches. Ses Tableaux qui sont l'ornement des plus beaux Cabinets de l'Europe le font regarder comme un des premiers Peintres de son tems.

Carlo Cignani est mort à Forli en 1718 âgé de 90 ans.

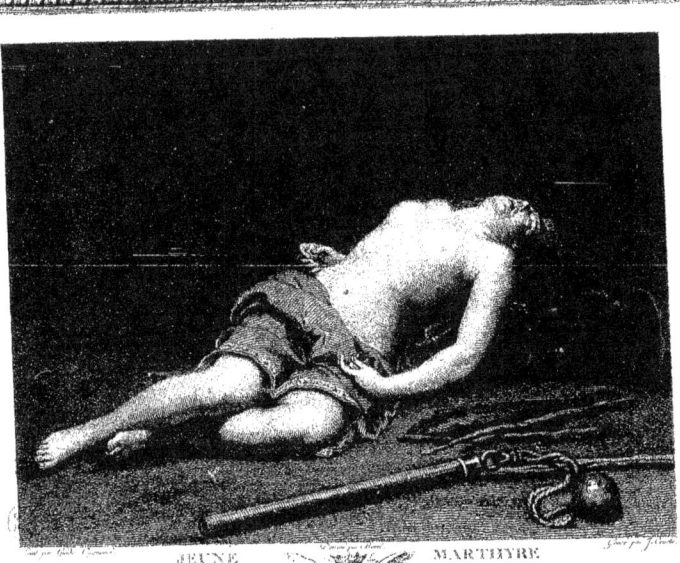

JEUNE MARTHYRE

De la Galerie de S. A. S. Monseigneur le Duc d'Orléans

ECOLE DE LOMBARDIE.

TABLEAU DE GUIDO CANLASSI,
SURNOMMÉ CAGNACCI,

Peint sur Toile, ayant de hauteur 3 Pieds 5 Pouces, sur 4 Pieds 5 Pouces de large.

Monseigneur le Duc d'Orléans a eu que deux Tableaux de ce Maître.

L'expression sublime que le Peintre a répandue dans ce Tableau qui n'est composé que d'une seule figure, porte dans l'âme un sentiment de tristesse, une douleur compatissante, dont il est impossible de se défendre. La Sainte est renversée par terre, la tête appuyée sur une espèce de banc. Sa jeunesse, sa beauté, le caractère céleste de sa tête, tout contribue à former une opposition déchirante avec les instruments du supplice épars dans la prison. Correction de Dessin ; pinceau fin et délicat, coloris frais, tombes aisees ; rien n'est à désirer dans ce superbe Tableau. La seule chose qu'on regrette, est qu'il ne soit pas mieux conservé.

On a peu de détails sur la Vie de ce Peintre. Il s'appelloit Guido Canlassi ; mais il est plus connu sous le nom de Cagnacci, sobriquet qui lui fut donné à cause de la difformité de son corps.

Il naquit à Castel-Durante en Italie, et se rendit à Bologne où il fut Disciple du célèbre Le Guide. Les Talens naturels qu'il avoit, se perfectionnèrent sous ce Maître ; il suivit même sa manière ; et les Ouvrages qu'il fit, tant qu'il les conserva, lui acquirent de la réputation : mais il s'imagina que son Coloris étoit trop foible ; il voulut en prendre un plus vigoureux, et il éprouva combien il est fâcheux de sortir de son genre. Les Amateurs témoignèrent peu d'empressement pour ses derniers Tableaux.

Cagnacci mourut à Vienne en Autriche, dans le Siècle dernier. On ignore l'année de sa mort ; mais on sait qu'il étoit âgé de 80 ans.

www.ingramcontent.com/pod-product-compliance
Lightning Source LLC
Chambersburg PA
CBHW052243220526
45471CB00001B/166